Chris Griscom

Psychogenetik

Erkennen und nutzen Sie Ihr spirituelles Erbe

Aus dem Amerikanischen von Salomé Hangartner

Econ Taschenbuch

Diese Ausgabe entstand durch die Vermittlung von Jürgen P. Lipp und Jürgen Mellmann.

Econ Taschenbücher erscheinen im Ullstein Taschenbuchverlag, einem Unternehmen der
Econ Ullstein List Verlag GmbH & Co. KG, München
Deutsche Erstausgabe
1. Auflage 2002
© 2002 für die deutsche Ausgabe by Econ Ullstein List Verlag GmbH & Co. KG, München
© 2000 by Chris Griscom
Titel der amerikanischen Originalausgabe: Psychogenetics. The Force of Heredity
(Light Institute Press, Galisteo, New Mexico)
Übersetzung: Salomé Hangartner
Redaktion: Julia Riesz
Umschlagkonzept: HildenDesign, München – Stefan Hilden
Umschlaggestaltung: HildenDesign, München – Sabine Zels
Titelabbildung: Fotex Medienagentur GmbH; Porträt: Paulina Amador
Satz: KompetenzCenter, Düsseldorf
Druck und Bindearbeiten: Clausen & Bosse, Leck
Printed in Germany
ISBN 3-548-74070-7

Inhalt

WIDMUNG

Ich widme dieses Buch meiner globalen Seelenfamilie, die sich entschlossen hat, in diesem glückverheißenden Augenblick auf unserer Erde, unserer Heimat, anwesend zu sein.

Die Zeit ist gekommen, dass wir uns aneinander und an uns selbst erinnern.

DANKSAGUNG

Mit großer Freude danke ich meinem Höheren Selbst für die Übermittlung des Konzepts der Psychogenetik und dafür, dass es mir die Feinheiten der wahren Vererbung erhellt hat. Ich bin zutiefst dankbar …

meiner eigenen Familienkonstellation, da sie mich über die tiefsten Fragen der Beziehung und Vererbung nachdenken ließ,

meinem Vater Leonard Johnston, der mir die Schönheit der Natur zeigte,

allen Klienten, deren Offenbarungen über Vererbung mir halfen, das Hologramm zu erkennen,

den Vermittlern der Ideen des Light Institute für ihre liebevolle, großartige Arbeit und dem Light Institute selbst für das Geschenk, das es der Welt macht,

Navjit Kandola und Nizhoni dafür, dass sie sich zu mir gesellten und mir die Freude der Seelenfamilie bescherten,

HildenDesign für die Gestaltung des wunderschönen Umschlags.

Mein ganz besonderer Dank gehört Allison Ragle, die als treibende Kraft und Inspiration hinter diesem Buch steht. Ihr Herzenswunsch, diese neuen Informationen mit der Welt zu teilen, ist die Kraft, die es entstehen ließ. Danke, danke, liebe Allison!

Dank den Mitarbeitern des Econ Ullstein List Verlags, die diesem Buch das Erscheinen in deutscher Sprache ermöglicht haben.

Und zum Schluss auch Dank an Salomé, meine Übersetzerin, die das Buch aus eigenem Antrieb und in gewohnter Harmonie mit meinen Ideen ins Deutsche übertragen hat.

1. Kapitel

PSYCHOGENETIK
Der Anfang

Die ganze Welt hat auf dieses neue, das dritte Millennium ge-
wartet ...

Rückblickend zucken wir zusammen, wenn wir sehen, was
wir geschaffen haben, was unsere Kinder von uns erben werden. Zutiefst im Innern möchten wir noch mal neu anfangen.
Inmitten der heutigen Krisen und dem Chaos beten wir darum, dass wir die Bürden und Irrtümer der vergangenen tausend Jahre ablegen dürfen. Unsere Kriege und Ängste, unser
Getrenntsein, unser Hunger nach Verbundenheit verwirren
uns extrem. Die Wahrheiten unserer Vorfahren verlieren sich
innerhalb unserer wissenschaftlichen Schlussfolgerungen
und wir suchen in diesem Meer widersprüchlicher Wahrscheinlichkeiten nach etwas, das wir unser Eigen nennen
können.

Inmitten dieses Tumults fragen wir uns: »Wer bin ich?«
Wir suchen in den Gesichtern unserer Eltern und unserer

Geschwister nach etwas Bekanntem, nach etwas, das wir
nachahmen wollen oder das uns Gewissheit gibt, dass wir da-
zugehören. Unsere Familie dient als virtuelle Konstellation
der physischen, emotionalen und geistigen Energien, die uns
mit den speziellen Vorlieben umgeben, die uns ermutigen,
unser Leben in eine bestimmte Richtung zu lenken. Dennoch zweifeln wir weiter an unserem Lebenszweck und bleiben passiv.

Wie nie zuvor sind wir unentschlossen und unbefriedigt
in Bezug auf die Frage nach unserer Identität im Rahmen unserer Familie. Mit großem Gefühlsaufwand versuchen wir zu
erreichen, was wir wünschen oder was uns unserer Meinung
nach zusteht. Der Preis, den wir für ungelöste Familienange-
legenheiten bezahlen, ist der »Wellenwerfereffekt«, bei dem
sich Themen in jeder anderen von uns geschaffenen Bezie-
hungssituation wiederholen, seien sie persönlicher oder be-
ruflicher Natur.

Für einige von uns sind die Familienmitglieder entweder
die stärksten Gegner oder absolut beziehungslose Fremde.
Doch im Gegensatz zu echten Fremden können wir sie anscheinend nicht einfach ignorieren. Wir versuchen, uns von
ihnen zu befreien, doch die seelische Prägung durch unsere
familiären Beziehungen verfolgt uns auch in allen anderen
Beziehungen und herrscht über unsere emotionale Eigen-
wahrnehmung. Aus Trotz werfen wir uns ins Leere und ver-
sammeln um uns herum jeden, der auch auf der Suche und
willig ist, bei der Konstruktion einer neuen Identität unser
Komplize zu sein.

Jeder Mensch wird unvermeidlich in seinen Prozess der
Selbsterkundung hineingeboren. Dieser lehrt uns, wie wir
über unseren Platz innerhalb der Familie, der Gesellschaft
und der Welt denken und fühlen. Bis jetzt haben wir die
»Kraft der Vererbung«, die unser Leben gestaltet, nicht

verstanden. Wir haben nicht erkannt, dass sie uns in ihren Klauen hält, außer es ging um »Erb«-Krankheiten oder jemand hat uns auf eine Familienähnlichkeit hingewiesen. Wir können uns die Auswirkungen so einer Ähnlichkeit nicht vorstellen, was es zum Beispiel für uns bedeutet, wenn eine Tante eine negative Erfahrung macht. Sehr wahrscheinlich denken wir nur selten über unsere entfernteren Verwandten nach, ausgenommen bei Familientreffen oder wenn etwas Tragisches geschieht.

Trotzdem erben wir in jedem Augenblick die Kristallisationen unserer Familienkonstellation. Innerhalb unserer Familie empfangen wir über unsere psychischen Antennen synergistisch emotionale Regeln und geistige Energien und binden sie an unsere DNS. Auf diese Weise erben und vererben wir sie in einem sich endlos wiederholenden Rhythmus.

Wir können dieses Szenarium jedoch ändern. Wir können sogar unsere eigene genetische Struktur ändern. Wir können negative Charakterzüge aus der Erbmasse entfernen und sie kraft der *Psychogenetik* durch großartige Evolutions-DNS ersetzen!

Psychogenetik ist ein Weg der Selbsterkundung, der uns gestattet, körperliche, emotionale oder geistige Merkmale, die den Gesamtbauplan unseres Wesens beeinträchtigen, ganz genau und im Detail zu untersuchen. So vermögen wir uns unseres Erbes, das die Grundlage unseres Selbstverständnisses und unserer Wirklichkeit bildet, bewusst werden.

Unser Selbstverständnis beginnt mit den offensichtlichen Fakten der Vererbung – mit unseren körperlichen Eigenschaften, wie sie unsere Blutsverwandten an uns weitergegeben haben. Wir vergleichen uns mit unseren Geschwistern: Wer ist der Stärkste, wer die Hübscheste?

Wem gleichen wir? Wir identifizieren uns oft mit den Menschen, denen wir gleichen. Es ist faszinierend zu überlegen, ob wir uns ihnen immer mehr angleichen, weil wir ihnen ähnlich sehen, oder ob wir ihnen immer ähnlicher sehen, weil wir ihnen von Natur aus so gleichen.

Schauen Sie sich einmal Ihre Familienangehörigen an und fragen Sie sich, wem Sie am meisten gleichen und mit wem Sie sich am meisten identifizieren. Sie werden feststellen, dass Sie tatsächlich ein Kompositum verschiedener Mitglieder der Kern- und der Großfamilie sind. Vielleicht haben Sie die Nase Ihrer Großmutter, den Mund Ihres Vaters und die Statur Ihrer Tante. Vielleicht haben Sie von der einen Seite der Familie mehr körperliche Merkmale geerbt und von der anderen Seite dagegen mehr emotionale oder geistige Eigenschaften.

Wir sind mehr als nur physische Körper. Wir wissen, dass wir Einstellungen und Verhaltensweisen sowie Glaubenssysteme von den Menschen um uns herum übernehmen. Wir wissen diese feinstofflichen Attribute einfach nicht in Begriffen der Vererbung auszudrücken.

Die Familie und die kulturelle Umgebung dienen als Laboratorien, in denen wir gelernte Muster in unsere Erbanlagen hineinverschlüsseln. Diese umgebungsbedingte Vererbung dringt in unsere Gene und Chromosomen ein und so werden wir zu Nachbildungen unserer Vorfahren. Der Zweck dieser Art von Genmanipulation geht aus den karmischen Gesetzen hervor und kann durch das Bewusstsein verändert werden.

Psychogenetik offenbart die Art und Weise, wie die menschliche Seele sich gemäß einer spezifischen Matrix von emotionalen und geistigen Vorlieben organisiert, die für den Einzelnen genauso zwingend sind wie die physischen. Diese neuartige Erforschung unseres innersten Wesens, dessen, was wir wirklich sind, ist atemberaubend und sie wird die tiefsten Prägungen, die in allen Menschen gespeichert sind, erhellen.

Es ist eine Geschichte des Beobachtens. Sie enthält die beglückenden Überraschungen, die unsere Aufmerksamkeit auf etwas total Neues lenken und uns gleichzeitig veranlassen, uns selbst zu sagen: »Ja, das wusste ich. Ich habe das bereits gesehen!« Wenn wir uns des Labyrinths energetischer Kanäle bewusst werden, die unser je einzigartiges Hologramm formen, erkennen wir, dass unsere schwer fassbare Intuition intakt ist und dass das, was wir von uns selbst ahnten, nicht nur wahr ist, sondern sich tatsächlich bis zu seiner Quelle zurückverfolgen lässt. Dadurch werden wir von den Fesseln der unbewussten Vererbung befreit.

Unsere Vererbungsgeschichte erhellt den Weg der Energien vom menschlichen Körper in den Äther, wo sie neu zusammengesetzt werden, um dem Zweck der Seele zu entsprechen. Von dort werden sie durch den Schleier des Nichtmanifesten zurückgeschickt, um über den Mechanismus der Familiengenetik immer und immer wieder aufzutauchen.

Die erhellendste Wahrheit ist, dass wir mehr sind als genetische Verwandte auf körperlicher Ebene. Wir sind »Seelenfamilien«, mit gemeinsamen und geistigen Wesenszügen, die wir über unzählige Reinkarnationen der Seele aufgespeichert haben. Diese feinstofflicheren Kodierungen sind an die physische DNS-Doppelhelix an der Schwelle zur Materie gebunden.

Ob wir diesen Prozess als direkte Vererbung einer linearen Folge von Nachkommen sehen oder als holographischen Empfang von Erbfaktoren, die wir von unseren eigenen zahlreichen inkarnierten Körpern mitgenommen haben, das Mysterium unserer genetischen Baupläne bleibt das gleiche.

Die *Psychogenetik* bietet eine Matrix genetischer Kodierung, die uns zu den Bezugspunkten der sich gegenseitig beeinflussenden physischen, emotionalen und geistigen Vererbung weist. Wenn wir einmal die Komplexität unserer DNS-Genome erkennen können, werden wir auch imstande sein, bewusst die spezifischen Erbanlagen auszuwählen, die uns am meisten nützen.

Was bedeutet es für unsere Zukunft, die Fähigkeit zur Veränderung der uns einschränkenden genetischen Fesseln zu haben? Ich spreche nicht von irgendeiner wissenschaftlichen Neustrukturierung durch Genmanipulation, die uns von außen aufgezwungen wird, sondern ich spreche von *bewusster Genetik* bei der wir selbst die Verantwortung für das übernehmen, was wir sind!

Die Kraft unserer Entscheidungen wird uns ermöglichen, unsere Körper zu vollkommenen Trägern von kosmischem Ausmaß zu verfeinern. Wir werden Bewusstseinstechniken anwenden, um unser Ideal klar mitzuteilen und die DNS über die Lichtfrequenzen zu veranlassen, den Entwurf umzusetzen.

Wenn wir imstande sind, das Netz der Vererbung wahrzunehmen, werden wir Menschen zum allerersten Mal uns tatsächlich aus dem schwarzen Loch des reinen Existierens herauswinden können und ins strahlende Licht der Freiheit und der freien Wahl hinaustreten. Wir werden uns selbst in einer Form »neu erfinden«, die das Menschsein zu einem entrückenden Abenteuer werden lässt.

Der Urkörper und das Thema Macht sind bezeichnend für das erste Jahrtausend der schriftlich belegten Geschichte. Das zweite rief emotionale Reaktionen hervor und der Emotionalkörper meldete sich. Das dritte wird das Jahrtausend des Herzens sein. Indem der holographische Verstand und die Weisheit des Herzens sich integrieren, werden wir eine neue Lebenskraft erfahren, die Leichtigkeit und Anmut in die Inkarnierung der Seele bringen wird. Eine neue Ära kosmischen Bewusstseins wird unsere jetzige Wirklich-

keit durch das Gewahrsein der kosmischen Gesetze auflösen.

Wir treten mit einem neuen Konzept der Menschheit
und deren Platz im All in dieses neue Jahrtausend ein. Wir
entfernen nicht nur den zerstörerischen genetischen Abfall,
der unsere Evolution behindert, sondern wir beschleunigen
auch die Entstehung einer neuen Menschengattung mit einem genetischen Bauplan, der Reisen zu den Sternen und
Kommunikation durch einen menschlichen Körper voller
Lichtfrequenzen und kosmischen Bewusstseins erlauben
wird.

Wir sind als Kollektiv in einen Zustand vorübergehender
Leblosigkeit eingetreten, in dem wir Erleuchtung erträumen
und Schöpferkräfte ausbrüten. Kurz nach dem Beginn dieses
neuen Jahrtausends werden wir erkennen, dass die Inkarnierung für die Evolution der Seele nötig ist, und eine Flut
neuer spiritueller Energien wird das menschliche Dasein
überschwemmen.

Die Neue Welt wird sich uns nicht einfach offenbaren.
Wir müssen sie herbeirufen durch die Macht unseres Enga-
gements für globale Bewusstheit. Bis vor kurzem haben wir
unser Leben als vereinzelte, isolierte Wirklichkeit erlebt.
Nun befinden wir uns mitten in der Initiation des Einsseins.
Eine der eindrücklichsten Lektionen des vergangenen Mil-
lenniums war, unser Gefühl, wir seien getrennte Einzelwesen
und Länder, als Illusion wahrzunehmen.

Wir beginnen zur Erkenntnis zu erwachen, dass alles, was
irgendwo auf unserer wunderschönen Erde geschieht, sämtliche Teile derselben in Mitleidenschaft zieht. Deshalb haben wir angefangen, die Einstellungen und das Tun unserer
irdischen Familie in verschiedenen Gebieten der Erdkugel
mit kritischeren Augen anzusehen. Die Erkenntnis unserer
gegenseitigen Abhängigkeit ist eine Vorbedingung für eine

sichere und friedvolle Welt, in der die Menschen zum Wohl des Ganzen zusammenarbeiten.

Unsere Bestimmung ist nicht, die Schwächen, das Versagen und die Krankheiten unserer Vorfahren zu erben. Unsere Bestimmung ist, jeder Generation zu helfen, das Genreservoir zu verbessern, indem wir das Ergebnis unserer eigenen Vererbungszutaten bewusst erforschen. Die *Psychogenetik* wird die Inkarnierung revolutionieren – für immer!

Dies ist ein neuer Anfang für jeden von uns und für jeden Menschen auf Erden. Der jetzige Zeitpunkt ist vielversprechend, denn wir Menschen beginnen uns nach einer ausgedehnten Warteschlaufe im »Autopiloten« zu rühren: Wir sind mit unseren Seelenfreunden verbunden, von denen wir geboren wurden, mit denen wir verwandt sind – durch unser Blut, durch unsere Kultur und am tiefsten, durch unsere Wahl – die Wahl unserer Seele.

Wir haben den anderen die Schuld gegeben, wir haben sie angeklagt. Wir haben sie schäbig behandelt – wir haben sie *geerbt*. Was unseren Urgroßeltern geschah, geschah unseren Großeltern, es geschah genauso unseren Eltern und wurde an uns weitergegeben. Zum ersten Mal haben wir nun die Chance, den Zyklus zu unterbrechen, das wirbelnde Karma zu stoppen und uns einmal genau anzusehen, was wir geerbt haben und was es für uns bedeutet. Zum allererstem Mal werden wir bewusst unsere Vererbung aussuchen, damit sie zu unserem höchsten Wohl dient.

Mein Höheres Selbst hat gesagt: »Was wir erleben, wird weitergegeben.« Die amerikanischen Indianer sagen: »Jeder ist bis für die siebte Generation nach ihm verantwortlich.« Verantwortlichkeit ist Teil unseres Erbes, Teil des Weitergebens. Sie ist auf die Prägung ausgerichtet und das Resultat unserer Entscheidungen. Was in unseren Leben geschieht, wird an zukünftige Generationen der Menschheit weitergegeben, ob wir selbst Kinder haben oder nicht. Das Echo der Vererbung klingt weiter durch die genetische Matrix unserer ganzen Gattung. Es ist an der Zeit, unser umfangreiches historisches Repertoire einmal durchzusehen und das herauszusuchen, was wahrhaft wert ist, in der Zukunft wiederholt zu werden.

Von der geistigen Perspektive her gesehen, wird der Puls der Evolution uns erlauben, das Beste, was unsere Vorfahren an uns vererbt haben, wieder an sie zurückzugeben, indem wir sie von Leben zu Leben immer wiederfinden. Der Kreis schließt sich und wirbelt die Spirale hinauf. Vielleicht ist es das erste Mal, dass wir Menschen Entscheidungen treffen können, die uns von negativen Erfahrungen befreien – nicht nur von unseren eigenen, sondern auch von denen unserer Ahnen sowie von Erlebnissen, die die Seele in vielen Inkarnationen gemacht hat und die uns von unserer wahren Bestimmung ablenken.

In den vergangenen Jahren habe ich das Flüstern meines Höheren Selbst vernommen, das mir die Vererbungsmatrix gezeigt hat. Es ist überwältigend zu sehen, was wir von unseren Blutsverwandten geerbt haben, aber auch von den angeheirateten, mit denen uns keine Blutsbande verbinden, wohl aber das Schicksal, und die ebenfalls etwas beigesteuert haben.

Wenn Sie sich Ihre Familienkonstellation ansehen, werden Sie das Vererbungshologramm als etwas erkennen, das Ihnen von oben und unten, aus der Vergangenheit und der Zukunft gegeben worden ist, das in einem einzigen kosmischen Atemzug pulsiert und sich bewegt. Sie sind ein Bezugspunkt für alle Menschen und dieser Punkt ist nicht bloß ein Vererbungskonzept, sondern er ist ein blinkender Angelpunkt für Eingang und Ausgang!

Die Matrix unserer Vererbung setzt sich zusammen aus

sich drehenden Winkeln, die der Anfang neuer Beziehungs-
wege sind und über die die Ähnlichkeit mit Brüdern und
Schwestern, Onkeln und Tanten festgehalten werden. Von jedem bezieht man eine reich facettierte Zusammenstellung
physischer, emotionaler und geistiger Merkmale, die unsere
göttliche Absicht fördern.

Jeder organisiert sein Schicksal im Voraus; so geschieht
nichts zufällig, sondern es ist auf etwas sehr Tiefes ausgerichtet, das jeden veranlasst, so zu denken, wie er denkt, die Erfahrungen zu machen, die er macht, damit wir uns willig ent-
lang bestimmter zusammenfließender Linien bewegen.

Die Gedankenformen, die Sie von Ihrer Familie oder Ihrer
Kultur erben, sind der Raster aus Wahrscheinlichkeiten und
Möglichkeiten, der Ihr Leben bestimmt. Ihre Vererbung
über Blut und Chi, kulturelles und weltweites Erbe sowie
die verschiedenen Qualitäten und spezifischen Aspekte, die
diese ausdrücken, sind energetische Neigungen, die innerhalb von physischen, emotionalen und spirituellen DNS-Ko-
ordinaten gruppiert sind. Sobald man imstande ist, diese
multidimensionalen Bezugspunkte und Gedankenformen zu
isolieren, ist man bereit, die monumentalste Aufgabe des
Lebens anzugehen, nämlich die Energien zu wählen, die der
eigenen, schicksalhaften Evolution dienen und unser wahres
Wesen spiegeln.

2. Kapitel

DAS CHI DER AHNEN

Der Nebel der Vergangenheit

Sie sind der Anfang einer atemraubenden Morgenröte, der Beginn einer neuen Kette von Menschen, die dies und das von Ihnen ausleihen und es in endlosen Zusammensetzungen neu zu ihrer eigenen Quelle zusammenfügen. Alles, was Sie erleben, wird Ihr Vermächtnis – ein Weg in die Zukunft, den Tausende noch ungeborener Verwandten gehen werden. Sie sind bereits ein Ahne, der erwartet, dass seine Nachkommen die Funken seines Daseins wieder aufleben lassen. Genauso wie Sie den Fußspuren Ihrer Vorfahren folgend Ihren Weg gefunden haben, werden Ihre Nachkommen versuchen, den Sinn der Eindrücke zu erfassen, die Sie ihnen zurückgelassen haben, um sich selbst zu erkennen.

Stellen Sie sich vor, Sie gingen auf den Wegen Ihrer Vorfahren. Bei jeder Biegung entdecken Sie einen Hinweis darauf, was sie taten oder wie sie waren. Momentaufnahmen ihrer Erfahrungen würden vor Ihren Augen aufflackern und jede neue Beleuchtung würde eine unbekannte Facette Ihrer

Selbst widerspiegeln. Es könnte ein Merkmal von Stärke sein, ein Muster von Gesten oder sogar die Form Ihres Körpers. Wenn Sie den Nebel der Vergangenheit durchdringen, sind Sie erstaunt über die subtile oder vielleicht auch starke Ähnlichkeit mit einem entfernten Verwandten. Sie sind mit ihm über die physische Vererbung der DNS verbunden, doch ebenso über die sehr viel weniger fassbare Doppelhelix der emotionalen und geistigen DNS.

Die Chinesen nennen diese Vererbungsattribute das »Chi der Ahnen«. Chi ist die unendliche Energie, die Quelle des Lebens, und sie wird über die Verkörperung der Ahnen weitergegeben, die als Brunnen verehrt werden, aus dem unser Dasein quillt. Das Chi der Ahnen umfasst nicht nur die Vererbung physischer Merkmale, sondern jeden Aspekt unseres Selbst, das was wir sind – Eigenschaften, die die Persönlichkeit bestimmen, Verhaltenstendenzen, ja sogar, welche Wahl wir möglicherweise treffen. Es beschreibt den Menschen aus der Perspektive der Familie oder der Gruppe, nicht als Einzelnen, als Individuum. Unsere geistigen, emotionalen und spirituellen Attribute werden als Teil dieses geerbten Chi der Vorfahren angesehen.

Das Chi der Ahnen schließt sämtliche Vorfahren mit ein. Es anerkennt, dass ganze Blutlinien – von Großeltern väterlicher- und mütterlicherseits, inklusive Großtanten und Großonkel, Cousins und Cousinen ersten und zweiten Grades – unausweichlich mit unserem genetischen Gewebe verflochten sind. Verwandtschaft ist etwas Holographisches, so dass wir im großen Kreis der Familie von allen Personen berührt, ja sogar gekennzeichnet werden, die Blut von unseren Verwandten in sich haben.

Bis zu einem gewissen Grad sehen die meisten der Kulturen auf unserer Erde die Familienvererbung aus dem Blickwinkel des Ahnen-Chi. Sie glauben, dass das Schicksal unserer Vorfahren auch unser Schicksal sehr stark beeinflusst. Viele Kulturen sind der Vorstellung verpflichtet, dass wir in eine bestimmte, durch die Stellung der Familie vorgegebene Gesellschaftsschicht hineingeboren werden und dass dies unser Schicksal oder *Karma* ist. Wegen dieses Einflusses werden wir unweigerlich das Leben unserer Vorfahren widerspiegeln und es ist unsere Pflicht, diese nicht zu entehren, indem wir das Thema irgendwie abändern. Bei unserer Geburt bekommen wir alle Teile des Puzzles und es ist an uns, das uns vorgezeichnete Leben mit Würde zu akzeptieren. Diese Kulturen sind der Ansicht, dass wir unsere Vorfahren ehren müssen, indem wir ihren Fußstapfen folgen.

Auf den Wegen unserer möglichen Wirklichkeiten raunt uns der machtvolle Einfluss des Ahnen-Chi Größe oder Schwäche zu. Wir erben Stärken und Schwächen, die uns an unsere Ahnen binden und unser Leben formen. Das Ahnen-Chi gibt in vollkommenen verschlüsselten Botschaften die Informationen weiter, die vergangene an zukünftige Generationen ketten. Diese alten Verbindungen fließen aus den DNS-Bauplänen in die Familienkanäle, die horizontal (zwischen Geschwistern), vertikal (zwischen Eltern und Kindern) und sogar diagonal (z. B. zwischen Tanten, Onkeln, Nichten oder Neffen) verlaufen können.

Vor Hunderten von Jahren entwickelten die Chinesen eine Akupunkturbehandlung für Schwangere, die negativem Ahnen-Chi entgegenwirkt sowie Punkte anregt, die das Chi aufbauen. Im dritten und sechsten Monat der Schwangerschaft werden bestimmte Akupunkturpunkte, z. B. der Nieren und der Gebärmutter stimuliert, um dem Kind das stärkstmögliche Chi zu vermitteln. Es gibt ebenfalls starke Punkte, die das Ahnen-Chi speziell für Männer verstärken. Das Nieren-Chi oder die Nierenenergie gilt als Quelle des Ahnen-Chi, weil die Nieren die am tiefsten im Körper liegenden Organe

sind, die die Lebenskraft an das Herz weitergeben. Die Nieren sind auch die Sammelstelle für Angst und wir werden im
Laufe der Ausführungen über die Psychogenetik erkennen,
weshalb und wie wir derart tief sitzende Ängste von unseren
Vorfahren geerbt haben.

Wir können damit beginnen, dass wir uns deren Leben
ansehen. Betrachte die Wirklichkeit deiner Vorfahren. Sie
wurden verfolgt von feindlichen Nachbarn und unvorher-
sehbaren Naturgewalten und ihre Lebenserwartung war extrem kurz. So waren Angst und Schattensehen tief in ihre
Erbmasse eingegraben. Die *Psychogenetik* wird uns zeigen,
wie ihre Erfahrungen ihre Spuren in den Genen und Chromosomen hinterließen, aus denen die Matrix für unsere
zukünftige Gestalt entstand. Ohne uns bewusst zu sein, dass
unsere eingeborenen Ängste aus den ganz konkreten Gefahren ihrer Leben hervorgehen, wiederholen wir unbewusst
deren Schlussfolgerungen aus einer Welt, in der Furcht ein
intelligenter Verbündeter zu sein schien.

Viele Kulturen glauben, dass die Seelen unserer Ahnen uns
immer noch irgendwie umgeben. Sie bewohnen bestimmte
Orte oder Daseinsebenen in jenseitigen Gefilden und wirken
von dort aus immer noch auf unsere Lebensumstände ein.
Viele Leute haben den Eindruck, ihre Vorfahren hörten jedes
Wort, das sie sprechen, und warteten nur darauf, jede Misse-
tat zu bestrafen. Das Problem bei diesem Konzept ist, dass es
voraussetzt, wir werden vom richtigen Weg abweichen, weil
wir der Aufgabe, gute Menschen zu sein, prinzipiell nicht ge-
wachsen sind. Wenn man damit rechnet, dass wir die Ahnen
enttäuschen, dann werden wir das wahrscheinlich auch tun.
Die Zukunft unserer Gesellschaft hängt davon ab, dass wir
Güte und Verantwortung verinnerlichen, anstatt uns macht-
los einer äußeren Kontrolle zu unterwerfen. Wenn wir uns
in der Angst vor eingebildeten Ungehörigkeiten suhlen, ist

diese eine Herabsetzung unserer Vorfahren, die uns möglicherweise mit Liebe überhäuft hätten.

Es stimmt, dass Geister manchmal länger in den niedrigeren Bereichen der Astralebene verweilen, die bezüglich Zeit und Raum mit der dritten Dimension übereinstimmt. Dies geschieht, wenn der Geist durch einen Schock oder Gewalt aus dem Körper gerissen wurde, aber auch wenn er aus karmischen Gründen dort festgehalten wird, weil er noch den hinterbliebenen Inkarnierten verhaftet ist. Die Ursache dafür kann in beiden Richtungen liegen: Entweder lassen ihn die Hinterbliebenen nicht gehen oder der Verstorbene kann nicht loslassen. Wir haben nicht erkannt, dass wir unser Karma mit ihnen besser abarbeiten, wenn wir sie wahrhaft loslassen. Wenn wir uns aus Zorn oder Liebe an ihnen festklammern, engen wir uns selbst ein und behindern unsere Evolution.

In Wahrheit ist ein Geist, der – aus welchen Gründen auch immer – in der Astralebene gefangen ist, sich keiner anderen um sich herum bewusst. Obschon wir die Tatsache, dass wir den Verstorbenen verhaftet sind, in Worte der Ehrerbietung für den Frieden der Verblichenen kleiden, bringt es viel mehr, zu lernen, wie wir sie ins Licht entlassen können.

Wenn wir die Zeit umgehen und die Perspektive der »Inkarnationen der Seele« mit einbeziehen, können wir uns vorstellen, dass wir immer und immer wieder mit den Menschen inkarnieren, die wir in anderen Leben gekannt haben. Jede Inkarnation schafft neues Karma durch »unerledigte Angelegenheiten« mit anderen. Diese Seelenfamilien, die unsere Ahnen waren, können jetzt vielleicht unsere Kinder sein, da sie über unsere immer weiter gehenden Beziehungen aus vielen Leben magnetisch zu uns hingezogen werden. So drehen wir das Lebensrad, indem wir sie als Ahnen ehren. Sie sind durch kulturelle und familiäre Bande geneigt, in uns ihre zukünftigen Leben zu ehren oder uns verbunden zu sein. Ihr genetischer Code wird immer weitergegeben, durchdrungen von den Naturgesetzen der Wiederholung, obschon sie gefangen sind in den gefahrvollen Beschränkungen der sich wiederholenden Geschichte.

Seelenfamilien, die immer wieder miteinander inkarnieren, können Inzest treiben, der ebenso schlimme Folgen haben kann wie Inzest zwischen Blutsverwandten. Die Wiederholung von Seelenthemen, die die verschiedenen Teilnehmer mit vertauschten Rollen spielen – zum Beispiel die von Opfer und Übeltäter –, würgen die Doppelhelix in verdrehte, gewundene Paargebilde, mit dem vorhersehbaren Resultat unausgewogener Nachkommen, das sich auch bei stark eingeschränkter Erbmasse zeigt.

Wir scheinen unsere Gespräche darüber, wer wir sind und wie wir inkarnieren, nie zu beenden. Wie die Katze, die ihrem Schwanz nachjagt, drehen wir uns auf einer horizontalen Ebene wieder um uns selbst und suchen die Antwort in der Vergangenheit statt in unserer unbegrenzten Quelle. Unsere Vorväter haben uns als Sicherheitsnetz eine Infrastruktur gegeben, die alles beschützt, was bisher erreicht worden ist. Nun müssen wir den Katapultsprung in neue Bereiche wagen, die unsere körperliche Anwesenheit bereichern und uns eine strahlende Zukunft bringen.

Unsere Vorväter

Im Westen könnten wir das Ahnen-Chi gleichsetzen mit einem Gespräch über unsere »Vorväter«. Wenn wir über sie sprechen, neigen wir eher dazu, ihre Taten als Beschreibung ihrer Person zu sehen. Durch eine seltsame Verlagerung gibt uns die Wahrnehmung ihrer Persönlichkeit als Ausdruck ihres Tuns viel mehr Freiheit und Möglichkeit zur Veränderung. Die östlichen Kulturen sehen ihre Ahnen aus dem Blickwinkel des Seins. Somit gibt es bei ihnen viel weniger Unbeständigkeit und sie betrachten das Leben von einem unverrückbareren Standpunkt aus. Ihrer Ansicht nach hält das »Rad des Karma« den Menschen an der Stelle fest, an der er geboren wurde, und so lastet die Familie viel schwerer auf den vergangenen und den zukünftigen Generationen.

Wir alle interessieren uns für unsere Vorfahren, und wenn wir von irgendeiner ihrer Eigenschaften hören, prüfen wir sogleich, ob wir sie geerbt haben. Wir können spüren, ob sie auch ein Teil von uns ist.

Mein Vater erzählte mir, wir stammten von dem blutrünstigen Black-Douglas-Clan in Schottland ab, der den König von England zwang, die Magna Charta zu unterzeichnen. Seine Beschreibung ließ sie als wilde, gewalttätige Gruppe erscheinen, die nicht viel Vorteilhaftes hatten außer roher Kraft. Ich frage mich, ob meine Halsstarrigkeit ein Ausdruck der gleichen Entschlossenheit ist, die ihnen zum Erfolg verhalf, und ich hoffe, dass unsere ziemlich zähe Konstitution ein Beweis für die positive Adaption ihrer Körperkraft ist.

Shakespeare sagte, dass »das Böse, das Menschen tun, sie überlebt; das Gute wird oft mit ihrem Leichnam beerdigt«. An der emotionalen Front weisen wir rasch darauf hin, dass ein bestimmtes Familienmitglied von den ruchlosen entfernten Verwandten einen jähzornigen Charakter geerbt habe. Einerseits ist dies eine narrensichere Rechtfertigung entsetzlicher Taten, andererseits bietet es die beste Waffe für Schlammschlachten zwischen Familienparteien. Durch Bewusstwerdung können wir lernen, die Vererbung als Wegweiser zu nutzen, der uns schon im Voraus zeigt, wie wir unsere Neigungen annehmen oder ändern können.

Alles, was deinen Großeltern oder Ururgroßeltern geschah, ist Teil deines Familienerbes. Bei gewissen Familienmitgliedern zeigen sich jene Eigenschaften ganz direkt. Bei anderen sind bestimmte Aspekte vollständig verborgen oder bilden sich zurück. Ihre Lebensgeschichten sind faszinierend, wenn wir sie in Bezug auf unser eigenes Leben betrachten.

Ich erinnere mich an unsere ersten Familien-DNS-Sitzungen am Light Institute. Ich wurde gebeten, ein geistiges Erbe in meiner Familienkonstellation anzugehen. Es meldete sich meine Ururgroßmutter, von der ich absolut nichts weiß. Sie war absolut greifbar! Ich sah sie aus nächster Nähe, da sie direkt vor meinem Gesicht erschien. Ich konnte ihren Atem spüren und hörte ihre Stimme ganz klar. Die Energie, die sie auf Grund ihrer Erfahrungen ausstrahlte, fühlte sich wie meine eigene an.

Als ich zurückging ins Leben, das die Quelle dieser Energien enthielt, konnte ich durch ihre Augen sehen und ich erkannte sie im tiefsten Kern ihres Wesens. Ich war sehr dankbar, dass sie in meinem Stammbaum war, aber auch dafür, dass ich ihre Lasten aus meinen eigenen Seelenmustern entlassen konnte, denn sie waren im Bewusstsein jener Zeit gefangen.

Das Gleiche gilt, wenn wir uns in Sitzungen als Mörder erleben und in die Kindheit zurückgehen, um herauszufinden, was uns dazu werden ließ. Wenn wir durch das Herz und die Gefühle jener Person blicken, die wir waren, können wir umfassend verstehen, weshalb die Dinge für uns so liefen. Wir können das Vorurteil, das wir uns selbst gegenüber hegten, loslassen, weil wir plötzlich spüren, wie wir unter jenen Umständen die Welt empfanden. Wir sahen keinen Ausweg und deshalb glaubten wir, unsere Tat sei gerechtfertigt. Wir taten, was wir taten, weil wir zu jenem Zeitpunkt keine andere Wahl hatten.

Ähnliches gilt in Bezug auf unsere Vorfahren. Wenn wir zurück in deren Leben gehen, können wir sie aus verschiedenen Blickwinkeln sehen – so wie sie damals waren. Weil wir *energetisch* Zugang zu jenen Geschichten fanden, sind wir imstande, sie aus unserer emotionalen und geistigen DNS herauszulösen.

Als ich meine geistige DNS durchkämmte, fand ich ein wunderschönes Erbe, das eine Quelle meiner heutigen Arbeit ist. Ich sah meinen Urgroßvater mütterlicherseits. Er lebte bei uns, als er zweiundneunzig Jahre alt war. Er war der Sohn der Ururgroßmutter, die ich so lebensecht vor mir sah. Ich war immer der Meinung, dass er in meinem Leben eine ganz besonders wichtige Rolle spielte, zum Teil, weil er mich so sehr liebte, zum Teil, weil er so brillant und lebensfroh war. Sein Charisma erfüllte den ganzen Raum, wo immer er sich befand. Er war sehr schlank und hatte langes weißes Haar und einen langen weißen Bart. Er musste sein Essen lange kauen, weil ihm so viele Zähne fehlten. Er war ein großartiger Geschichtenerzähler – vielleicht auf Grund seines indianischen Erbes – und wenn er sprach, befand ich mich sofort entrückt an den Orten seiner Geschichte. Er konnte mich mit gleicher Leichtigkeit in ein Theaterstück von Shakespeare versetzen, bei dem er sämtliche Rollen fehlerlos zitierte, wie in die Schrecken von »Wounded Knee«, die er aus der Sicht der Indianer erzählte.

Er trug einen Stock und benutzte ihn beim Geschichtenerzählen zur Hervorhebung bestimmter Stellen. Ich erinnere mich an eine Geschichte über die Sterne, bei der er mit seinem Stock mit Nachdruck auf den Boden klopfte.

»Du musst den Himmel hier herunterholen, kleines Küken!«, sagte er dabei, indem er mit seinem langen knochigen Finger auf mich zeigte. Ich erschauerte unter seinem durchdringenden Blick. Die Zeit stand still. Ich wusste, dass er etwas für mich sehr Wichtiges sagte, aber ich wusste nicht, was es bedeutete.

Ich wurde erwachsen und fand die »Fenster zum Himmel« der chinesischen esoterischen Medizin und ich lernte den »Himmel zu verankern«, was mit der Aktivierung unserer galaktischen DNS über die Angelpunkte in unserem Körper zu tun hat. Ich weiß jetzt, dass er aus den tiefsten Schichten seines Wesens den »Samen« in mich legte. Das ist etwas, was wir auf Seelenebene gemeinsam haben.

Wenn man Sitzungen abhält, kommen vielleicht wunderschöne Erinnerungspakete an die Oberfläche, die man festhalten möchte. Anfänglich ist es schwer zu verstehen, wie einem das Loslassen einer überwältigenden Erfahrung die Energien in freier Form zurückbringt, so dass sie auf unser Leben einen Einfluss haben können.

Die Erinnerungen dienen als energetische Verbindung zu der Erfahrung oder dem Leben der Vergangenheit. Es gibt andere Erinnerungen oder Bewusstseinsebenen, die ebenfalls in jenem Leben gespeichert sind, die man aber im jetzigen Leben lieber nicht hätte. Beispielsweise waren gewisse Taten in jenem Leben absolut annehmbar, jetzt dagegen wären sie barbarisch und unverzeihlich.

Es ist somit wesentlich, dass wir alle Bezugspunkte zu anderen Inkarnationen auflösen – deren Inhalte, deren energetische Überbleibsel in Blutkristallen und der DNS. Wenn man das tut, kann unser Bewusstsein Teil der Schöpfungskraft werden – und somit können wir uns durch die Einspeisung von Talenten, die unsere Seele im Laufe ihrer Aufenthalte im Körper angehäuft hat, laufend neu erfinden und erschaffen.

Wir brauchen die Vergangenheit nicht als Erblast mit uns herumzutragen. Wir können die Vergangenheit auch nur zur Erhellung mit uns tragen, damit sie uns im Rahmen der Gesetze von Ursache und Wirkung auf synergistische Art unterweist.

Namen

Das Bindemittel der Vererbung besteht nicht nur aus den physischen oder emotionalen Prägungen durch unsere Ahnen. Es gibt viele Elemente der Einstellung und des Lebensstils, die die Familienbande formen. Sogar der Familienname, oder Ehrennamen, beeinflussen unser Gefühl der Zugehörigkeit. Bedenken Sie die Macht eines Namens. Was könnte es für Sie bedeuten, sich einmal wirklich klar zu machen, dass es viele Leute auf der ganzen Welt gibt, die den gleichen Familiennamen tragen wie Sie? Vielleicht haben Sie nie bedacht, dass ihr Name eine Verbindung zu all diesen Leuten schafft? Sie sind über den Klang des Namens, der ihnen allen eigen ist, energetisch miteinander verbunden. Wo immer Ihr Name entstanden ist, er wurde in die Welt hinausgetragen, er übersprang Blutlinien, Kulturen, Rassen. Es besteht eine gewisse Gemeinsamkeit zwischen allen Menschen, die diesen Namen tragen.

Der Mädchenname meiner Mutter war Smith. Auf einer meiner Lieblingsinseln auf den Bahamas gibt es ganze Großfamilien mit dem Familiennamen Smith. Ich frage mich, wie dieser Name auf diese kleinen Inseln gelangte. Vielleicht hat ein Sklavenhändler vor Hunderten von Jahren seine Gefangenen Smith genannt. Keiner meiner bahamaischen Freunde hat eine Beziehung zu ihm, ich auch nicht, doch die Geschichte, ebenso wie das Blut, wirkt das Gewebe menschlicher Beziehungen. Wegen des Namens ist er ein Aspekt von mir, obschon ich nichts von einer solchen Person weiß. Er ist auch ein Aspekt der Smiths auf den Bahamas, obwohl deren einziger Berührungspunkt vielleicht ausschließlich in der willkürlichen Namengebung liegt. Jener Punkt in der Geschichte hat eine kodierte Erinnerung in uns hinterlassen, die uns zusammenschmiedet.

Als ich zum ersten Mal den bahamaischen Smiths begeg-
nete, mochte ich sie auf Anhieb und es bereitete mir große
Freude, ihnen mitzuteilen, dass wir einen Namen gemeinsam hätten. Ich lächelte, als sie mich heimlich immer wieder
anschauten und überlegten, wer ich denn für sie sein könnte.
Sie stammen aus einer anderen Kultur, einer anderen Rasse,
aber wir haben irgendwo in unserer fernen Vergangenheit
eine unwiderrufliche Verbindung, die eine Familienenergie
schafft.

Es ist interessant, sich einmal die Herkuft unserer Namen
anzusehen. In Deutschland und in großen Teilen Europas
entstanden die Familiennamen auf Grund eines Ortes oder
des Berufs der Vorfahren, wie zum Beispiel Bauer, Weber
oder Koch. Der Name enthält somit die Energie der spezifischen Attribute, die eine Familie und deren Funktion innerhalb des Dorfes oder des Stamms beschrieben. Wenn wir den
Namen tragen, könnten die entsprechenden Fähigkeiten für
uns jetzt als Bezugspunkte dienen. Sie könnten als Samen-
korn für unseren Spielplan dienen, den wir heute auf viel
subtilere Weise anwenden können. Stellen Sie sich einmal
vor, wie man beim Weben Muster und Form zusammen-
stellt. Die gleiche Fähigkeit könnte sich wieder manifestieren
als die Kunst eines erfolgreichen Generaldirektors oder
Mathematikers, der erkennt, wie viele kleine Teilchen ein
Ganzes erschaffen.

Namen haben bestimmte Klangfrequenzen, die zur Visi-
tenkarte unseres Wesen werden. Geistig gesehen wählt sich
jeder Mensch seinen Namen, genauso wie jeder seine Eltern
wählt. Es ist sehr wichtig, dass man sich auf den Klang des
eigenen Namens einstimmt. Sowohl Vor- als auch Nachname
sind der Klang des Selbst. Sie haben ihn Ihren Eltern
eingeflüstert und er hallt mit der Schwingung, die Ihrem
Evolutionsmuster entspricht, wider.

Vielleicht haben Sie Ihren Namen in einem anderen Leben getragen oder Sie bringen ihn in Verbindung mit jemandem, den Sie gekannt haben. Alles, was je im Universum existiert oder sich manifestiert hat, hinterlässt eine Prägung. Wir alle stehen zu diesen Prägungen in Beziehung, ohne bewusst zu erkennen, warum. Eltern geben ihren Kindern oft die Namen von Leuten, die sie bewundern, als Ausdruck der Hoffnung, das Kind werde auch wie diese Person sein. Das Kind hingegen hat vielleicht andere Assoziationen bei der Schwingung. Der Name kann der eines Feindes in einem anderen Leben sein und die schmerzvolle Ablehnung des Namens ist vielleicht gerade das, was die Eltern veranlasste, ihn auszuwählen. Mein Höheres Selbst sagt: »Du wirst genau das kriegen, wogegen du dich wehrst!«

Wie empfinden Sie Ihren Namen? Wenn er Ihnen gefällt, haben Sie sich vermutlich selbst akzeptiert. Wenn nicht, suchen Sie vielleicht immer noch nach einer Möglichkeit, einflussreicher und anziehender auf andere zu wirken. Vielleicht verachten Sie einen Namen, der Sie an eine Person erinnert, die Sie nicht mögen, oder Sie misstrauen einer anderen Person mit diesem Namen einfach auf Grund der Assoziation.

Namen sind wie Schlüsselworte, die das Mysterium der Vererbung erhellen helfen. Sie sind mit allen Menschen verbunden, die Ihren Namen trugen oder tragen. Doch Sie brauchen sie nicht abzulehnen oder sich unter der Last ihrer Leben zu quälen. Sie haben ihre eigene Geschichte und nur die Themen, die Sie mit ihnen gemeinsam haben, werden in die Starrheit des Erbes zusammenfließen.

Junge Leute verkürzen oft gegenseitig ihre Namen, um ein besondere Intimität und das Gefühl der Unabhängigkeit von ihren Eltern zu schaffen. Wenn jemand sagt, er »hasse« seinen Namen, dann kann man sichergehen, dass er oder sie sich von ihren Familien und sich selbst getrennt fühlen. Die Schwin-

gung des Namens muss ein Bezugspunkt sein zu einer Erfahrung, die in dessen genetischer Datenbank gespeichert ist
und durch den Klang des Namens ausgelöst wird.

Vielleicht fühlen Sie sich verbunden mit einer anderen
Person, die den gleichen Namen trägt wie Sie. Tatsächlich
sind Sie ein offener Kanal für jeden, der Ihren Namen trägt
oder trug, auch für Menschen, die nicht Blutsverwandte von
Ihnen sind. Sie können sicher sein, dass auf der ganzen Welt
Millionen von Menschen den gleichen Namen tragen!

In vielen Kulturen wird von den Frauen erwartet, dass sie
bei der Heirat ihren Familiennamen aufgeben und den des
Mannes annehmen. Heute entscheiden viele Frauen, dass sie
ihren eigenen Familiennamen behalten wollen, oder sie
schaffen einen neuen Namen mittels Bindestrich, so dass er
beide Familien repräsentiert. Es wäre sicher interessant, das
numerologische System der Zahlenwerte zu prüfen, um zu
sehen, welche Kombinationen der Namensschwingung das
beste Gleichgewicht verleihen. Als ich durch Heirat eine
Griscom wurde, wurde meine Schwingung stärker und aus-
geglichener.

Man kann so weit kommen, seinen Namen mit allen inneren Entsprechungen anzunehmen. Durch die Entscheidungen, die wir im Leben treffen, können wir außerdem Ener-
giemuster an die Schwingung zurückgeben, so dass sie über
die Pfade der Vererbung für zahllose zukünftige Generationen weiterklingen. So gibt man die Erleuchtung seines eigenen Bewusstseins und die Lebensfreude an sie weiter!

3. Kapitel

DIE DOPPELHELIX

Wir sind so wunderschön! Unser innerstes Wesen ist ein Entwurf chemischer Paarungen, die in einer sich spiralförmig drehenden Leiter verankert sind, im vollkommenen Muster einer aufsteigenden Doppelhelix. Diese exquisite flüssige Essenz des Lebens besteht in einem Proteinmolekül, das Desoxyribonukleinsäure oder DNS heißt. Es ist die Struktur der Gene und Chromosomen auf chemischer Basis, die sämtliche Lebensformen strukturiert. Wir Menschen sind durch 50 000 Gene kodiert, die sich zu einer phantastischen Anordnung von Variablen zusammensetzen und uns unsere Einzigartigkeit verleihen. Keine zwei Menschen sind sich gleich.

Bis vor kurzem glaubten wir, Gene und Chromosomen seien festgelegt und die Vererbung sei ein starres Muster, das sich durch nichts, ausgenommen Genmanipulation, ändern ließe. Doch das Gegenteil trifft zu. Es gibt derart viele Einflüsse, die auf unseren genetischen Code einwirken, dass Veränderungen absolut unausweichlich sind. Unser Basismaterial, unsere DNS, befindet sich in einem ewigen Evolutionsfluss.

Kosmische Impulse, die das Leben seit Äonen verändert haben, beschleunigen die Evolution der Erde. Einige sehen dies nur als ein Phänomen der Naturkräfte, doch ich bin überzeugt, dass es ein bewusster Akt höherer Wesen ist, die gezielt spezifisches Material in unsere DNS eingebracht haben, um unsere Art auf höhere Daseinsebenen anzuheben.

Viele »Saaten« sind in uns gelegt worden, die unsere DNS beschleunigt und ihr Energien eingeflößt haben und uns all dessen bewusst werden lassen, was um uns herum vorhanden ist. Die Liebesenergie eines Christus, Buddha oder anderer göttlicher Meister ist die Struktur, die unsere geistige DNS stützt und die in Wellen neuer Erfahrungen der ganzen Menschheit zu uns gekommen ist. Die geistige DNS ist von den Strängen unserer emotionalen und physischen DNS durchdrungen und stellt den Mechanismus dar, durch den die Mutation zur sinnvollen Absicht wird.

Es gibt eine universale Bewusstheit, die unsere Evolution steuert. Sie hat uns zu einem zyklischen Punkt gebracht, den wir alle paar Jahrtausende durchlaufen und in dem neue Energien neu formulieren, was Menschsein heißt. Wir können diesen Prozess gleich jetzt beschleunigen, indem wir lernen, wie wir Zugang zu unserem Erbgut erlangen und die DNS läutern. Ein neuer genetischer Zufluss bringt immer auch ein Ausschwemmen der alten, nicht mehr gültigen Spuren vergangener Konstrukte, die der Anpassung und Verfeinerung zuwiderlaufen.

Mit dem Aufkommen der Genforschung entdecken wir, dass die Gene Umwelteinflüssen, die ihre Struktur verändern, gegenüber empfindlich sind. Während wir die Folgen der Umweltverschmutzung mit Trauer beobachten, zerstört sie ganze Arten und die Beweise häufen sich, dass wir nicht von ihren zerstörerischen Klauen ausgenommen werden. Nicht nur unsere Einmischung in die Umwelt, sondern auch das Experimentieren mit bewusstseinsverändernden Drogen geißelt uns mit Unfruchtbarkeit, deformierten Föten und Erbkrankheiten, die durch Zerrüttung des Helixflusses entstehen.

Es gibt aber einen Ausweg. Wir können holographisch mit dem Lebensbewusstsein kommunizieren lernen. Was wir unter dem Mikroskop sehen, wird uns nie den Sinn oder die eigentlichen Verbindungen zwischen der Materie und ihrem Wesen zeigen. Sie werden nicht in visuellen Kategorien wahrgenommen, sondern existieren innerhalb der begrenzten Relativität bewusster Energie. Die Lösungen können nur mit Hilfe der leise flüsternden kosmischen Führung kommen. Wenn wir uns erlauben, über die Beschränkung der Technik und der Form hinauszugehen, werden wir die Antworten auf das »Weshalb und Wie« erhalten und wir werden uns selbst gemäß göttlichen Gesetzen neu erfinden.

Das Konzept der physischen DNS kennen wir alle schon unser ganzes Leben lang. Wir denken, wir verstehen die Vererbung vom Standpunkt der Chromosomen und Gene aus, doch haben wir ihre schwer fassbaren Geheimnisse nicht erkannt. Unsere Körper erinnern sich daran. Sie erinnern sich an die Körper unserer Ururgroßmütter. Sie wiederholen die Erfahrungen und Ergebnisse jener Formen so genau, dass wir den Unterschied zwischen unseren und ihren nicht eindeutig erkennen.

Die physische Vererbung ist der schöpferische Ausdruck von etwas, das über die Form hinausgeht, etwas, das das Wissen um unser Selbst und unser Selbstgefühl enthält. Tatsächlich ist die Trennung zwischen physischer, emotionaler und spiritueller Energie eine willkürliche Abgrenzung, die nicht wirklich existiert. Sie fließen ineinander über und wegen ihres dynamischen Ineinanderspielens werden wir sie wohl nie unter einem Mikroskop zu sehen bekommen.

Nur wenn wir ihre gegenseitige Beziehung anerkennen, werden wir die Antworten auf viele mysteriöse Mutationen entdecken. Die Unterschiede zwischen ihnen sind die gleichen wie zwischen biochemischen und elektromagnetischen Strömen. Sie mögen auf den ersten Blick unterschiedlich aussehen, doch sind beide für das Leben von zentraler Bedeutung. Sie sind ineinander verschlungen. Die Körperlichkeit strömt über den elektrischen Fluss zurück ins Licht, das die Quelle des Lebens ist.

Die physische DNS ist untrennbar mit dem subtilen Gewebe der emotionalen DNS verwoben. Die emotionale DNS sitzt der physischen huckepack auf, sie spielt die Schildwache für den körperlichen Willen und beeinflusst ihn über längst bestehende emotionale Eigenschaften. Obschon unsere Technik noch nicht fein genug ist, dies zu erkennen, nehmen wir ihre Schatten und Rückstände wahr, die die wechselnden Gezeiten emotionaler Ströme markieren. Die emotionale DNS ist in Bezug auf die Vererbung über familiäre oder kulturelle Kanäle genauso spezifisch wie die physische DNS. Vielleicht kann man nicht genau aussagen, worin die emotionale »Ähnlichkeit« mit den Familienmitgliedern besteht, doch weiß man, dass sie vorhanden ist und sämtliche Beziehungen zu anderen Menschen beeinflusst.

Man hört häufig Aussagen wie »Du bist jähzornig wie dein Vater« oder »Sie kapselt sich ab wie ihre Mutter«. Die emotionale DNS kann in vererbten ähnlichen Charakterzügen bestehen, wie zum Beispiel Humor, Stil, Leidenschaft, oder in typischen Reaktionen auf Situationen. Diese emotionalen Eigenschaften werden kaum je als willkürlich gesehen, sondern als vorhersehbare Verhaltensmuster, die man als typisch für Menschen einer bestimmten Familienkonstellation erkennt.

Die physische und die emotionale DNS wird von der geistigen DNS umfangen und getragen. Wie eine ätherische Verkapselung von Lichtenergie legt sie sich in Form einer Aura um sie und gelangt über die Meisterdrüsen in den physischen Körper. Sie kodiert die Schicksalselemente und kosmischen Gesetze in das Muster und das Potential der Inkarnierung. Die geistige DNS ist unsere Blaupause, unser Bauplan. Sie drückt sich in unserer Liebe zur Natur und in unserer Sehnsucht nach den Sternen aus. Sie ist der Ursprung mystischer Prägungen und religiöser Hingabe.

Die drei parallelen DNS schwingen im Einklang mit spezifischen Energie- oder Chakra-Zentren, die ihre genetischen Angelpunkte im Körper darstellen. Das Basischakra enthält den physischen Angelpunkt, das Sonnengeflechtchakra den emotionalen Angelpunkt und das dritte Auge den geistigen Angelpunkt. Auf Grund seiner chemischen Beschaffenheit reagiert der DNS-Komplex auf jedes subtilste Flüstern von Gesprächen, die auf der emotionalen oder geistigen Ebene stattfinden und die Nuancen unserer ureigensten Seele ausdrücken.

Emotionale Ströme verändern die chemischen Ausschüttungen im Hypothalamus und im endokrinen Drüsensystem, die unseren Seinszustand steuern und auf die Biochemie unserer Erbmasse zurückwirken. Hier gibt es eine Brücke zwischen den geistigen und wissenschaftlichen Bereichen, ein Verbindungsglied zwischen strukturierten und amorphen Wirklichkeiten. Gedanken und Gefühle bestimmen unser Schicksal und unseren Körper.

Dies ist eine tiefe Erkenntnis! Sie bedeutet, dass wir nicht ausschließlich von der physischen Welt geformt werden, sondern durch eine viel schwerer fassbare Intelligenz von universeller Dimension, die die Gespräche zwischen Körper und Geist vorzeichnet. So ist vielleicht die emotionale und spirituelle Energetik der versteckte Vorbote der körperlichen Erfahrung.

Die Anfälligkeit gegenüber Krankheiten und genetische Veranlagungen unserer Verwandten werden vielleicht eher über die emotionalen Prägungen, die wir von ihnen übernommen haben, auf uns übertragen als durch die Vererbung eines unvollkommenen Gens.

Vererbte Gedankenformen von Angst und Negativität öffnen uns für die gleichen Krankheiten, unter denen unsere Vorfahren litten, und sie können sogar eine genetische *Abweichung verursachen*, die sich dann als körperliche Krankheit äußert. Andererseits ist eine frohe, positive Einstellung die machtvollste Vorbedingung für gute Gesundheit. Wir können eine ganze Menge über unsere genetische Kodierung lernen, indem wir die Geschichte unserer Vorfahren und unserer Familienkonstellationen studieren um so die prädisponierenden Erfahrungen zu erkennen, die sie an uns weitergegeben haben.

In meinem letzten Buch *Der Körper als Ausdruck der Seele* habe ich emotionale Themen dargelegt, die spezifischen Krankheitsbildern entsprechen. Jede Art von Krankheit hat einen Bezug zu gewissen Körperthemen emotionalen Ursprungs. Die Biochemie unseres Körpers reagiert auf Umwelteinflüsse, die emotionale und physische Kraftfelder mit einschließen. Der physische Körper ist eine geschlossene Konstellation, deren verschiedene Organe und Teile deren Funktion symbolisieren und Themen ausdrücken, die uns helfen, auf die Absicht des Körpers zu hören und sie zu verstehen.

Da der Körper den Seelenfunken enthält, ist seine Absicht immer der vollkommene Einklang mit der Seele selbst. Jede Krankheit hat einen geistigen Sinn oder Bezugspunkt. In den vielen Jahren, in denen ich mich mit der traditionellen

Medizin auseinander gesetzt habe, war dies ein universales Konzept, das sich auf der ganzen Welt immer wiederholte. Traditionelle Heiler werden immer nach einem entsprechenden Ungleichgewicht im Geist Ausschau halten, wenn sie nach der Quelle oder Heilung eines Leidens suchen. Sie betrachten die Krankheit nicht als eine uns durch unsere physischen Körper aufgezwungene Strafe, sondern als Lektion, die uns die Seele erteilen will.

Der Blickwinkel des »Seelenkörpers« bietet uns eine revolutionäre Erkenntnis: Wir sind nicht *Opfer* unseres Körpers, sondern *Gestalter unseres Schicksals*. Was in unseren Körpern abläuft, ist eine Spiegelung der Seelenlektionen, die uns *durch* unseren Körper geboten werden. Wir können tatsächlich unsere DNS so verändern, dass sie unserem physischen, emotionalen und geistigen Lebenszweck entspricht, sobald wir uns für das Bewusstsein entschieden haben, das sie wahrnehmen kann.

Wir können unsere »genetischen Gewohnheiten« verändern und neue schaffen, die uns helfen, den uns umgebenden Energien gegenüber empfänglicher zu sein. Wir haben das nie zuvor getan, weil wir uns der Vererbungsmuster nicht bewusst waren. Doch jetzt, wo wir die Matrix unseres Bauplans aufzeichnen können, können wir auch über unser Bewusstsein beginnen, an der Vollkommenheit seiner Gestaltung mitzuwirken.

Die Sitzungen am Light Institute geben uns die Gelegenheit, unsere ererbten Charaktereigenschaften vom praktischen Aspekt der Ereignisse in unserem Leben aus zu betrachten. Um eine körperliche Prägung, die wir auflösen wollen, in unserer DNS genau zu situieren, wenden wir intuitive Fähigkeiten an, um sie wahrzunehmen und ihren Ort auf den DNS-Strängen zu erkennen. Wir bitten unser Höheres Selbst, uns die DNS zu zeigen. Es ist nicht allzu schwer,

sich die physische DNS *vorzustellen*, da die meisten von uns
bereits Abbildungen von Chromosomen und DNS-Strängen
gesehen haben.

Es gibt keine Regel, die besagt, wie die DNS auszusehen
hat. Die intuitive Sicht beschreibt sie vielleicht aus dem
Innern der strukturellen Stränge heraus oder über die
fließende Form ihrer chemischen Komponenten. Eine Person sieht sie als Speerbündel, die andere als ein gedrehtes
Seil. Jeder Mensch sieht sie auf seine eigene Weise. Beschreibungen der DNS sind gänzlich subjektiv und gleichzeitig ein Teil der bewussten Körpererfahrung. Seine eigene
DNS zu sehen hat etwas Tiefgründiges. Es ist eine Art kosmische Botschaft, die uns unsere eigene Wahrheit erkennen
lässt.

Als Nächstes bitten wir den Körper, er möge uns zeigen,
wo genau der ererbte Wesenszug auf dem DNS-Strang angesiedelt ist. Einer sieht ihn vielleicht als schwarzen Fleck, die
andere empfindet ihn als Gewebe oder als Riss. Wie wir ihn
sehen, ist unwichtig. Es ist jedoch entscheidend, dass wir
feststellen, wo er sich befindet.

Mit einem Laserstrahl aus weißem Licht klären wir die
DNS. Es gibt über zweihundert Schattierungen von weißem
Licht. Einige, zum Beispiel Strahlung, sind von einer so in-
tensiven Helligkeit, dass unsere Körper sie nicht aushalten.
Unser Höheres Selbst sucht die Frequenz aus und dann
lenken wir das Licht direkt in den Punkt und entfernen die
Prägung.

Das Gehirn zeichnet sämtliche Visionen auf gleiche Art
auf, ob man sie mit irdischen Augen oder mit der inneren
Sicht schaut. Ob man mit offenen Augen einen Baum sieht
oder die Augen schließt und ihn sich vorstellt – das Gehirn
wird den Baum aufzeichnen. Diese Fähigkeit birgt unglaubliche Anwendungsmöglichkeiten, wenn wir lernen, wie wir

sie zur Teilnahme an unsichtbaren Wirklichkeiten einsetzen können, zum Beispiel in unserer DNS.

Das gleiche Vorgehen von »Lokalisierung und Laserbestrahlung« verwenden wir zur Veränderung der emotionalen und geistigen DNS. Es ist absolut überwältigend, wenn man etwas findet, das einem ganz allein gehört, zu dem wir ohne äußere technische Unterstützung Zugang haben. Das Gefühl der Freiheit, das sich einstellt, wenn man unerwünschte, geerbte Wesenszüge loslässt, ist beglückend und man beginnt, Vertrauen in sich zu entwickeln.

Wie großartig ist es doch, zu sehen, von wem man etwas – zum Beispiel ein schwaches Glied in der Kette – geerbt hat, und zu wissen, dass man es ändern kann. Noch inspirierender ist es, wenn man das Flüstern der großartigen Gaben vernimmt, die man geerbt, aber noch nicht beansprucht hat.

»Ja, ich habe diese Fähigkeit, ich kann diese Dinge tun« – zum ersten Mal erkennen wir, was wir intuitiv schon wussten: »Ja, das ist wie bei meinem Vater und das kommt von meiner Großtante.« Diese Einsichten befreien uns von allen Fesseln und tragen uns zur äußeren Grenze unseres Potentials!

Unter bestimmten Umständen möchten Sie vielleicht etwas in der DNS *erweitern*, das Ihr Wohlbefinden verbessert. Vielleicht haben Sie die Gabe des Humors oder Heilkräfte entdeckt, die von einem Verwandten her stammen. Mit dem weißen Licht können Sie diese Eigenschaft ganz einfach aktivieren. Eine solche Stimulierung der DNS verursacht oft eine vibrationsähnliche Empfindung, die im Körper tatsächlich spürbar ist.

Nachstehend ein paar Auszüge aus Familien-DNS-Sitzungen:

Die geerbte Gabe: »*Es ist die Gabe, über das Sichtbare hinauszusehen. Zu wissen, was in einer anderen Person vor sich geht, wie sie sich fühlt, sowie eine starke Intuition.*«

»*Es ist die geistige DNS, die wie eine schimmernde, sich windende, blauweiße Nabelschnur aussieht. Es ist eine Art Namenszug, wie ein gewebtes, milchig weißes Band innerhalb der Membran.*«

»*Der Laserstrahl verursacht einen elektrischen Strom, der durch mich fließt. Ich fühle mich elektrifiziert. Es macht mich ekstatisch!*«

Aus dem Gesichtswinkel einer fließenden, veränderlichen Doppelhelix erhält die Vererbung eine neue Bedeutung. Man kann mit einer neuen Offenheit und Respekt gegenüber seinen Vorfahren Dinge über sie und die Unauslöschlichkeit ihrer Erfahrungen lernen. Die Beiträge der Familienmitglieder weben eine Geschichte von außergewöhnlicher Schönheit, die tatsächlich weder Anfang noch Ende hat. Sie erkennen, dass Sie wahrlich kosmischen Ursprungs sind, und das Leben wird etwas, das unmöglich nur auf einen Körper, eine Zeitspanne, einen Ort beschränkt sein kann. Ihre Ahnen leben durch Sie, und Sie entwerfen die Infrastruktur Ihrer Nachkommen in der Zukunft.

Wenn Ihr Selbstgefühl sich ausgedehnt hat, um das Repertoire Ihrer gesamten Familienkonstellation mit einzuschließen, werden die Energien ineinander zu fließen beginnen, so dass Sie das »Wissen« um physische, emotionale und geistige Ströme als Teil eines Ganzen zu erfahren beginnen. Einfach die Erfahrungen und Gedankenformen Ihrer Familie als Teil Ihres Quellenmaterials einzuschließen hilft Ihnen, die Illusion, dass es nur ein Leben und nur einen Körper gibt, zu zerstören. Denken Sie an all die Körper, die Sie bereits von Ihren Ahnen geerbt haben!

Letzten Endes gibt es nur eine Seele. Durch die geistige und emotionale DNS hast du Teil gehabt an unendlich vielen anderen Leben. Wenn man die Sache auf diese Weise sieht, scheint Reinkarnation nicht mehr so fremd oder unwahrscheinlich. Die Zeit ist gekommen, dass wir unsere Möglichkeiten erweitern und so den Sprung in neue Welten schaffen, die uns mit Überschallgeschwindigkeit entgegeneilen. Die Seele war nie Teil unserer Beweisbegriffe. Unsere DNS-Signatur enthält Rückstände und Prägungen aus anderen Inkarnationen, mit denen wir uns auseinander setzen müssen, wenn wir uns in diesen neuen kosmischen Puls katapultieren wollen.

Ob man diese Skizzen einfach als Geschichten auffasst, als Leben, die uns durch die Ahnen vererbt wurden, oder als wirkliche Verkörperungen der Seele, ist unwichtig. Wenn als Teil der Selbstentdeckung man mit ihnen arbeitet, wird sich unser Leben ändern und die durch sie bewirkte Synergie wird uns buchstäblich neue Welten eröffnen!

In ihren ausgedehnten Datenspeichern enthält die DNS die Gesamtheit aller Erfahrungen, die kollektive Geschichte. So verwebt Ihr Körper die Geschichten Ihrer Vorfahren und die anderer Körper, die Sie schon bewohnt haben, zu einem zusammenhängenden Lebensabenteuer. Er benutzt sie alle als Bezugspunkte, um sich zu orientieren und Reaktionen zu erhalten. In diesem Leben haben Sie vielleicht schreckliche Angst empfunden, doch durch die Erkundung familiärer und inkarnationsbezogener Erinnerungen entdecken Sie, dass die Quelle der Angst nicht in diesem Körper wohnt. Sie ist nur durch die Kontinuität der DNS dort »deponiert« worden.

Physische DNS

Wir alle sind fasziniert von den Vergleichen zwischen uns und den übrigen Familienmitgliedern. Vom frühesten Kindesalter an hören wir zu und prüfen, welche Ähnlichkeiten und Unterschiede zwischen unseren jeweiligen Körpermerkmalen bestehen. Wir wünschen uns sehnlichst, wie jemand anderes auszusehen, oder wir hassen die Tatsache, dass wir jemand anderem so sehr gleichen.

Unsere geerbte Nase, Kinn, Bauch und Beine sind Teil des Familienstolzes und Zeichen der Zusammengehörigkeit. Schönheit ist immer eine subjektive Betrachtung verfeinerter Vertrautheit. Genauer gesagt, unsere physische Ähnlichkeit trägt in sich die Bestätigung, dass wir durch die genetische Verbindung irgendwie denen am nächsten sind, denen wir am meisten gleichen. Die Nähe entsteht in Form emotionaler und geistiger Kodierungen, die das Ergebnis einer über den einen Körper hinaus geteilten Geschichte sind.

Der physische Körper trägt Zeichen aus anderen Inkarnationen und aus unserem kulturellen und rassischen Erbgut in sich. Die berühmten römischen Beine, die die Stärke zur Eroberung boten, oder die fliehenden Stirnen der Maya- und der ägyptischen Priester deuten auf Möglichkeiten hin, die wir nie erkundet haben. Einen Körper – wenn auch nur kurz – zu erkennen ist phantastisch! Manchmal schockiert es uns, im jetzigen Körper zu spüren, was andere Körper erlebt haben, aber auch wenn es schwierig ist, ist es doch erstaunlich und macht Spaß. Lassen Sie mich Ihnen ein Beispiel dafür geben, wie die Klärung eines physischen DNS-Erbes, dessen Quelle in einem anderen Leben liegt, eine tief greifende, heilende Wirkung haben kann.

Dies ist ein Auszug aus einer Sitzung mit einer Frau Anfang vierzig, bei der ein Verdacht auf Brustkrebs vorlag. Sie hatte an unserem Sonderseminar »Soul Lessons Through the Body« teilgenommen.

»Bitte dein Höheres Selbst, dir eine Person in deiner Familienkonstellation zu zeigen, von der du diese Tendenz geerbt hast.«

»Es ist meine Tante mütterlicherseits. Sie starb an Brustkrebs.«

Das Leben …

»Es herrscht Krieg. Ich spüre den kalten, feuchten Ort, an dem wir uns verstecken. Der Geruch ist stechend. Wenn ich meinen Mund öffne, dringt er wie vergiftete Luft ein und erstickt mich. Es beißt mich in der Nase und tut so weh, dass ich versuche, nicht mehr zu atmen. Ich weine und weine. Meine Mutter stopft mir ein Tuch in den Mund, damit ich still bin, doch ich spüre ihre Angst wie Dolche auf meinem ganzen Leib und ich kann nicht aufhören. Ich schreie und gleichzeitig würgt mich das Tuch. In ihrer Verzweiflung bietet mir die Mutter ihre armselige, schlaffe Brust. Sie gibt nichts her. Ich verstehe diese Tortur nicht. Wo ist meine Nahrung? Wo sind die weichen, warmen Formen, die mir gehörten? Nun gibt es nichts, nichts als die saugende Luft, die meinen Hals schmerzen lässt, und diese kalten, schlaffen Kissen, die mich nicht trösten wollen.«

»Ich kann nicht mehr weinen. Mein Leib ist betäubt; die Empfindungslosigkeit ist von meiner Mutter auf mich übergegangen. Die verschwommenen Schatten sind jetzt still. Alles hört auf. Ich bin tot.«

»Welche Gedankenform hast du von jener Erfahrung mitgenommen?«

*»Es gibt nichts, was mich nährt ... Und ich habe das Gefühl,
ich hasse Brüste.«*

»Geh zurück und beobachte, was deine Mutter fühlt, als du
stirbst.«
*»Sie schreit innerlich. Sie hasst sich. Sie ist wütend, dass ih-
re Brüste ausgetrocknet sind. Sie gibt ihrem Körper die Schuld,
weil er mich nicht gerettet hat. Sie gelobt sich, dass das nie wieder vorkommen wird.«*

»Gehe in deine DNS hinein und finde die Stelle, an der diese
Gedankenform des Brüstehassens und des Nichtgenährt-
werdens festsitzt.«
*»Ich sehe den getrockneten, DNS-ähnlichen Strang dalie-
gen, als ob er aufgewickelt wäre. Mitten auf der Rolle ist ein
schwarzer Fleck.«*

»Bitte dein Höheres Selbst, das hellste weiße Licht auf den
Fleck zu senden, bis er verschwunden ist.«

Nach der Sitzung sahen wir, dass ihre Tante die gewalttätige
Art und den Zorn auf ihre Brüste auch in dieses Leben
gebracht hatte, und weil die beiden diese schmerzhafte Erfahrung miteinander geteilt hatten, war die Negativität auf
unsere Klientin übergegangen. Sie sagte, dass sie ihren Busen
nie gemocht habe. Nach weiterem Läutern empfand sie ganz
anders in Bezug auf ihren Körper. Einen Monat später stellte
sich heraus, dass der Knoten gutartig war und sich fast ganz
aufgelöst hatte.

Emotionale DNS

Es fällt nicht schwer, sich vererbte emotionale Muster vorzustellen, da wir alle die Haltung der Menschen um uns herum kopieren und imitieren. Die offenkundigsten stereotypen Themen von Opfer und Täter, Rettern und Heilern, Märtyrern und Helden bieten hervorragendes Material für unsere dramatischen Phantasien und wir können in jedem beliebigen Augenblick beobachten, wie sie von den Mitgliedern unserer Familien ausgespielt werden. Allzu oft werden sie zur Signatur unserer eigenen Identität.

Viele Wege der DNS beginnen als Gedankenformen, die aus emotionalen Schlussfolgerungen hervorgehen. Wiederholte statische Beschreibungen dessen, wer wir sind, färben unsere emotionale Perspektive und prägen sich uns ebenso stark ein wie unsere leiblichen Züge. Sie lassen sich nicht leicht vertreiben, weil sie so sehr ein Teil unserer Ausdrucksweise sind. So potentialisieren sich auch die Gedankenformen unserer Eltern in uns und beeinflussen unsere emotionale Struktur genauso stark wie ihre Augen- oder Haarfarbe.

Das emotionale Erbe kann sich körperlich in Krankheit oder sogar in Körperstrukturen ausdrücken. Knollennasen sind Hinweise auf die emotionale Herzenergie, genauso wie runde Gesichter auf emotionale Themen innerhalb des Lebensziels deuten. Versuchen Sie einmal unter Verwandten ähnliche Körperformen festzustellen und Sie werden auch Ähnlichkeiten ihrer emotionalen Merkmale finden.

Sehen wir uns einmal ein emotionales Thema an und wie die emotionale DNS übertragen wird.

»Bitte dein Höheres Selbst, es möge dir jemanden in deiner Familienkonstellation zeigen, von dem du emotionale DNS geerbt hast. Sieh sie dir genau an.«

»Es ist meine Tante Barbara. Es ist eine hohe Schwingung manischer Energie inmitten einer schweren Depression. Ja, ich habe die gleiche Art von hoher Energie, aber mit ihr geht eine tiefe Traurigkeit einher. Ich weiß nicht, wieso. Ich liebe das Leben und die meiste Zeit bin ich so aufgedreht, dass ich alle um mich herum überrolle.«

Das Leben …

»Ich sehe sie in einem Schaukelstuhl sitzen; sie starrt in die Ferne. Ich bin ein kleines Mädchen und spiele zu ihren Füßen. Ich spüre sie, als ob sie mit mir spräche. Sie wohnt bei uns, weil etwas mit ihr nicht stimmt. Jeder sagt, sie sei nicht anwesend, aber ich weiß, dass sie es ist. Sie kann nicht sprechen und auch nichts tun, doch ich bin sehr gerne bei ihr. Ihr Leib sitzt im Stuhl fest, aber ihr Geist ist draußen bei den Sternen. Sie ist in einer Art Ekstase, aber niemand außer mir erkennt das. Die Leute sagen, sie sei wie betäubt wegen eines Unfalls, den sie in jungen Jahren hatte.«

»Irgendwie zeigt sie mir Bilder. Sie sehen aus wie Sternkarten! Ich sehe Konstellationen und etwas wie Flugmuster.«

»Als ich älter werde, empfinde ich die Schwere, die Depression, denn sie ist in mir genauso eingeschlossen, wie sie es in ihr war. Ich fürchte mich davor, sie herauszulassen. Wenn ich es jemandem erzählen würde, würde man sagen, ich sei genauso wie sie. Ich dachte, sie sei so wegen all der Dinge in ihrem Kopf, ich dachte, dass die Sternenkarten sie in ihrem Körper eingefroren hielten.«

»Ich habe alles wie ein dunkles Geheimnis tief in mir versteckt. Ich hätte es gerne aus mir herausbrechen lassen, doch es war im-

mer da und hielt mich zurück. Ich fühlte mich manchmal so leicht und frei und dann mahnte mich etwas daran, dass ich wegen dem, was in mir verschlossen war, nicht frei sein konnte. Ich begann zu trinken – und zwar richtig!«

»Ich reiste um die Erde und erstellte Landkarten, aber ich wusste, dass ich eigentlich die Sternenkarten zeichnen sollte, die sie mir in den Kopf setzte – doch ich konnte es einfach nicht.«

»Ich starb an Alkoholmissbrauch – mit schwerem Leib, ich starb an der Schwere des An-eine-Welt-gekettet-Seins, die jeder kannte, die aber für mich ein Gefängnis war.«

»Es war auch in diesem Leben wieder so. Ich bin ein starker Trinker, um zu vergessen, was ich mich nicht herauszulassen getraue. Ich versuchte, mir einen Weg zu bahnen, indem ich die Sterne mich dort hinaustragen ließ. Ich sehe ein, dass es nicht der Mühe wert ist. Es muss möglich sein, dieses Leben zu nutzen. Ich vermisse sie immer noch.«

»Betrachte deine emotionale DNS. Wie nimmst du sie wahr?«
    »Sie sieht wie ein Klumpen aus, wie ein Stern, der in sich zusammengefallen ist. Spitzen ragen heraus, doch ist nicht zu erkennen, wozu sie gehören.«

»Sieh nach und erkenne, wo diese manisch-depressive Energie in der DNS gefangen ist.«
    »Es ist, als ob der Klumpen ein Gewebe mit unregelmäßigen Spritzern darauf wäre.«

»Bitte dein Höheres Selbst, weißes Licht der höchsten

Schwingung wie einen Laser in all die Spritzer zu strahlen, um dieses emotionale Muster freizusetzen.«

»Ja, es beginnt anzuschwellen. Die Spritzer haben sich in miteinander verbundene Konstellationen verwandelt. Es ist wie eine unsichtbare Membran, die alles zusammenhält. Ich bin innerlich ganz still, als ob ich wieder neu zusammengesetzt worden wäre und alles funktioniert.«

Geistige DNS

Für unsere beschränkte Sicht nicht erkennbar, prunken unsere Körper mit ihrem göttlichem Ursprung. Sie sind erfüllt mit den Elementen Erde, Luft, Feuer, Wasser und den Äthern und tragen so ihr kosmisches Erbe machtvoll zur Schau. Wir haben sie nie als die kosmischen Fühler eingesetzt, die sie tatsächlich sind, weil wir die Absicht der formlosen Gotteskraft nicht erraten konnten. Wir schauen hinauf in den nahtlosen Himmel und beten, aus unserer armseligen Sterblichkeit hinaus in einen Traum getragen zu werden, der uns würdiger scheint. Wir haben dies in allen Kulturen und zu allen Zeiten getan. Wir tasten unser Leben ab nach den Pforten zu neuen Dimensionen und sehnen uns danach, zu den »Auserwählten« zu gehören, denen das Recht gewährt worden ist, in göttlicher Verzückung ohne die Bürde des Alltags zu leben.

Nahezu jede Kultur hat einen Weg gefunden aus der Kleinheit, die das Leben einengt, doch keine hat ihn der Gesamtheit unbewusster Wesen angeboten. Der Weg wurde immer geheim gehalten und nur an die Eliten weitergegeben. Die Chinesen nennen die Angelpunkte zum erweiterten Bewusstsein die »Fenster zum Himmel« und die Kaiser und Priester forderten ihre Durchreisegenehmigung auf Grund

göttlicher Abstammung. Die Massen wurden scheinbar ent-
erbt zurückgelassen und versanken in Finsternis, wo kein
Horizont sie ihr göttliches Geburtsrecht erahnen ließ.

Die Trennung von der geistigen Quelle hat sich für uns als
vernichtend herausgestellt, und wir müssen nun einen Weg
suchen, um unsere Herkunft wieder aufzusuchen, während
wir hier im Leib anwesend sind. Wir müssen »den Himmel
verankern«, indem wir das Gefühl des Göttlichen in unseren
Körpern erleben.

Alle reinen Energien der Liebe, aber auch die Erinnerung
an die Erleuchtung, sind in den Seelenmustern unserer geistigen DNS festgeschrieben und uns im Zusammenhang mit
unseren Körpern zugänglich. Wir müssen uns nur ihres Vor-
handenseins bewusst werden.

Wir nähern uns einer Zeit, in der sich die galaktisch-kos-
mischen Energien und die Strahlung der Sonne in uns und
durch uns bewegen. Wir können den Himmel verankern, indem wir diese Frequenzen als uns angeboren erkennen –
nicht als etwas von uns Getrenntes, sondern als wir selbst.
Wir sind das Göttliche. Wir sind die kosmischen Strahlen,
die Quelle des Lebens. Wir sind das Leuchten der Sterne,
die Kohlenstoffatome des Himmels. Beim Verankern des
Himmels beziehen wir uns ganz einfach auf das Bewusstsein.
Alle diese Aspekte schaffen uns durch das Erwecken unserer
geistigen DNS dauernd neu.

Wir ersticken unter den Einengungen unserer religiösen
Dogmen und Glaubenssysteme, die nie die Gesamtheit unseres wahren geistigen Wesens umfassen können. Wir sind
aus ihnen herausgewachsen. Spiritualität wartet auf eine neue
Menschenform.

In der Vergangenheit haben wir vielleicht in eine Kultur
oder Religion inkarniert, weil dies die von uns geschaffene,
einzige Ausdrucksweise für Spiritualität war. Es ist jedoch

nicht so, dass wir *mehr* Spiritualität brauchten, sondern wir wussten nicht, wie wir sie in uns selbst finden können.

Die geistige DNS ist unser göttliches Erbe. Sie ist uns so eigen wie der Atem. Tatsächlich säen wir sogar durch unseren Atem geistiges Chi in künftige Generationen und das geistige Chi verbindet uns psychogenetisch miteinander.

Innerhalb des Lebenskreises erben wir andauernd geistige Prägungen von unseren Ahnen oder von Menschen, die wir in anderen Leben gekannt haben. Möglicherweise erben wir Charakterzüge von unseren Kindern, die durch deren Erfahrungen an uns weitergegeben wurden und die nun zurückkommen, indem wir diese Züge auf sie übertragen.

Ob wir die Vererbung als etwas verstehen, das ausschließlich über die Generationen unseres Stammbaums stattfindet, oder als Resultat von Äonen der Menschwerdung der Seele – dauernd fließt Energie und schafft eine Rille, durch die das Material kanalisiert wird, das unser geistiges Schicksal formt.

Stell dir vor, es wäre möglich, dass alles, was Menschen jemals auf geistiger Ebene erlebt haben, irgendwie Teil unserer geistigen DNS ist. Die Religionskriege, das Dogma, die Angst sind alle Teil dessen, was wir jetzt klären müssen, damit in diesem nächsten Millennium eine neue, kosmischere Spiritualität wachsen kann. Die unsäglichen Qualen, die Menschen im Namen Gottes anderen Menschen angetan hat, werden erst aufhören, wenn wir die Spuren solcher Negativität aus unserem genetischen Code entfernt haben.

Wenn wir sie zu ihrem Ursprung zurückverfolgen wollten, fänden wir eine historische Mutation, bei der das menschliche Bewusstsein sich verdunkelte und die göttliche Verbindung aus den Augen verlor. In unserer Wut und Trennungsangst glaubten wir, wir könnten den »Allmächtigen« durch Taten beschwichtigen, die beweisen, dass wir seiner würdig sind. Wir kamen zum Schluss, dass nur das Leben an sich machtvoll genug sei, seine Aufmerksamkeit auf uns zu ziehen. Es war eine Schlussfolgerung, die uns heute noch unveränderliches Leid beschert.

Andererseits sind die Mystik und die ekstatischen Erlebnisse, durch die die Menschheit das Antlitz Gottes sehen oder die Gnade eines liebenden Universums erfahren konnte, ebenfalls in jedem von uns kodiert. Die Heiligen und Mystiker haben auch in uns den Samen ihres Potentials gelegt. Weil sie diese Höhen erreichten, wird uns heute der Zugang ohne deren Opfer geschenkt. Was je ein Mensch berührt hat, ist uns heute über unsere psychogenetischen Kanäle zugänglich.

Es gibt Wesen, die das Licht für uns hochhalten. Vielleicht ist es ein geistiger Lehrer, ein Weisheitsbewahrer oder ein religiöser Amtsinhaber einer Kirche. Über psychogenetische Kanäle geben unsere Großeltern die geistige DNS an uns weiter, die uns den Zugang zu nicht manifestierten universellen Energien eröffnet.

Auch Paten haben ihren Raum, der eine bestimmte Struktur geistigen Gesprächs sicherstellt. Sogar das Wort Pate – im Schweizerdeutschen Gotte und Götti – erkennt die Rolle des Paten als etwas an, das über den Alltag hinausgeht. Die Paten versprechen nicht nur, unsere Kinder in unserer Abwesenheit zu schützen und großzuziehen, sondern auch, sie über die Welt des Göttlichen zu unterweisen und dafür zu sorgen, dass sie dort ihren Platz finden. Obschon wir oft unsere engsten Freunde, mit denen wir philosophische Ansichten teilen, als Paten wählen, haben wir doch auch tief im Innern das Gefühl, dass diese Freunde mit dem »Großen Geist« in Verbindung stehen.

Es ist genauso gut möglich, in einem Regenwald die geistige Vererbung zu erfahren wie in der Abgrenzung eines religiösen Ordens. Sie wird uns nicht nur durch unsere Kultur oder die Familie als Auftrag mitgegeben, sondern sie schwingt mit unserem ureigensten Wesen. Die *Psychogenetik* gibt uns das Werkzeug, um Zugang zu diesem Wesen zu finden. Wenn wir uns dieser neuen biologischen Technik bewusst sind, kann dies unsere multidimensionale Leibwerdung potenzieren. Die geistige DNS enthält Frequenzen, die nicht durch menschliche Gesetze abgeschwächt werden, sondern die eigentliche Kraft der Evolution darstellen!

4. Kapitel

FAMILIEN-DNS

In jeder Sprache gibt es ein Wort, das eine tiefe Wirkung auf unser Selbstgefühl hat. Es ist das Wort »Familie«. Ob man adoptiert oder verwaist ist, bei den Großeltern lebt oder die klassische Triade (Vater, Mutter, Kind) bildet, eine Diskussion über die Familie bringt intensivste Verwirrung, Freude, Zorn und Sehnsucht zutage. Fast alle von uns sehen sich und ihren Platz in der Familie vom Gesichtswinkel eines unsicheren Egos aus. Haben wir genug Liebe, Aufmerksamkeit, Achtung, Dinge bekommen oder gegeben?

Wir können nicht früh genug das Heim verlassen oder wieder dorthin zurückkehren. Wir wünschten, die Umstände wären so wie in unserer Kindheit, oder wir erinnern uns an nichts. Einmal sind wir überwältigt von Heimweh und im nächsten Augenblick erinnern wir uns daran, weshalb wir eigentlich keine Zeit mit irgendeinem Familienangehörigen verbringen wollen. Wir können die Erinnerungen verdrängen und wegziehen, doch alle Erfahrungen im Kreise der

Familie sind unauslöschlich in unsere Zellen eingebrannt.
Wir haben die Folgen des Familienlebens so sicher geerbt wie
unsere physische DNS.

Unsere Familienbande zu erforschen ist eines der mutigs-
ten Abenteuer, auf das wir uns einlassen können, denn wir
werden unweigerlich unser eigenes Spiegelbild in den Einstellungen und Gewohnheiten (sowie den Gesichtern) unserer Familienangehörigen entdecken. Wie sehr wir es auch ab-
streiten mögen, die guten und die schlechten Aspekte von
ihnen müssen irgendwie etwas mit *uns* zu tun haben. Und
wenn wir noch tiefer gehen, wenn wir tief genug schürfen,
können wir vielleicht die Beschuldigungen und den Zorn
ausräumen, die wir auf sie gehäuft haben, um unsere eigene
Unfähigkeit und unser Versagen zu entschuldigen. Tatsache
ist aber, dass wir unser Teil dazu beitragen, sie anzuziehen,
auch unsere entferntesten Verwandten. Unsere Seele verfolgt
eine Absicht, wenn sie unsere Verwandten wählt, die ihre genetischen Züge in uns ablegen, und wenn wir diesen Sinn erkennen, werden wir sie auf eine vorher nie gekannte Weise
lieben und ehren.

Die familiären Charakterzüge, die wir so bewundern oder
verabscheuen, sind uns vielleicht von jemandem in unserem
engsten Familienkreis oder von einem entfernten Verwandten
vererbt worden. Wo immer auch deren Ursprung liegt, wir
können ihnen nicht entrinnen. Und wenn wir tapfer genug
sind, können wir mit ihrer Hilfe das Puzzle unserer noch un-
entdeckten Geschichte zusammensetzen.

Wenn wir wüssten, was wir von unseren Familienangehörigen geerbt haben, würden sich unsere Empfindungen
ihnen gegenüber sicherlich ändern. Auch etwas Negatives,
wenn wir es einmal klar in ihnen und uns selbst erkannt haben, würde in uns eine neue Art von Mitgefühl hervorbringen, das uns jetzt, während wir uns noch von allen distanzie-

ren, weit entfernt scheint. Genauso wie ein anderer Mensch zu sein ist eine Verwandtschaftserklärung, die einen Ort der Zugehörigkeit verspricht, weg von den kalten Winden des Alleinseins. Dieser unersättliche Hunger nagt an der Schwelle der menschlichen Kultur. Wir wollen wissen, wem wir gleichen, und wer es auch sein mag, wir sind dankbar, dass es ihn oder sie gibt. Es tröstet uns, in das Leben eines anderen aufgenommen zu werden, da dies uns wirklicher macht. Jede Facette unseres Erbes erzählt eine Geschichte darüber, wie unsere unsichtbaren inneren Energien unsere äußere Identität schaffen.

Ich habe oft an meinem Enkel die gleichen Gesten wie an meiner Tochter, seiner Tante, beobachtet. Innerhalb der Familie gleichen sich diese beiden mehr als ihren jeweiligen Geschwistern. Sie haben viel gemeinsam, einschließlich Gesichtszüge, Körperhaltung und emotionale Empfindsamkeit. Ihr Gesichtsausdruck zeigt eine ähnliche Geisteshaltung. Das heißt nicht, dass der Enkel feminin oder die Tochter männlich wäre; dennoch sind sie aus dem gleichen Holz geschnitzt, und zwar viel ausgeprägter als irgendwelche anderen zwei Familienmitglieder. Ob sie nun vom gleichen Quadranten der Galaxie stammen oder anscheinend zufällig ähnliche genetische Baupläne haben, es ist faszinierend, ihre Ähnlichkeit zu beobachten und zu sehen, wie der Junge auf mysteriöse Weise seine Tante nachlebt. Ich warte mit großem Interesse auf die Zukunft, um zu sehen, wie die beiden mit ihrer Ähnlichkeit umgehen. Vielleicht werden sie zusammenarbeiten oder sich auf eine ganz besondere Art verbinden und so ihre Wirkung auf die Familie und auf die Welt verstärken.

Einer der wichtigsten Aspekte der Familie und der Familienvererbung ist die Art und Weise, wie wir Energie empfangen. Vom Augenblick der Einnistung des Fötus in der Wand der Gebärmutter empfängt er seine Nahrung über die Nabelschnur. Sämtliche Gefühle und Empfindungen der Mutter sowie die psychischen Energien des Vaters gelangen direkt in unseren Körper, während sich dieser im Mutterleib formt. Da wir die Gefühle und Eindrücke direkt über die Blutbahn übernehmen, ist es sehr schwierig, zu unterscheiden, was uns und was den anderen gehört. Wir können nicht erkennen, wo wir enden und wo unsere Eltern beginnen.

Energie in uns aufzunehmen wird zu einer Gewohnheit, durch die wir uns selbst erfahren. Die Frage, ob wir »genug« erhalten, wird zu einer Konversation, die uns davon abhält, zu Gebern zu reifen, die eine echte Beziehung aufrechterhalten können. Ein Zweijähriger sagt: »Ich will das, gib es mir.« So beginnen wir einen Prozess in unserem Leben, der in eine Sackgasse führt, der unser Wachstum behindert. Um die Fesseln der Familien-»Schuldscheine« abzuschütteln, müssen wir den inneren Dialog über das, was wir nicht erhalten haben, hinter uns lassen und weitergehen zu dem, was wir erhalten haben.

Unser emotionales Gepäck ist voll von dem, was wir von unseren Familien verlangt haben, und den vielen Gelegenheiten, bei denen wir uns betrogen fühlten. Ich denke, jedes Kind sagt irgendwann: »Du hast mir nicht gegeben, was ich wollte«, oder »Du hast es einem anderen gegeben!« oder »Ich bin unerwünscht.« Wir reagieren auf diese Gefühle, indem wir die mörderische Energie des Bestrafens entwickeln. Beschuldigung und Strafe sind zwei äußerst destruktive Energien, die uns vergiften. Obschon wir uns oft von unseren Eltern bestraft fühlen, lernen wir sehr schnell, sie zu bestrafen und ihnen die Schuld für alles, was wir tun und wer wir sind, zuzuweisen.

Im Alter von vier Jahren weiß jeder genau, wie er oder sie

die Eltern und Geschwister »hereinlegen« kann. Man weiß, wie man ihnen die Stirn bieten, sie ablehnen, sich gegen sie auflehnen und sie sich elend fühlen lassen kann. Man weiß genau, welchen Knopf man drücken muss, obschon man noch ein kleines Kind ist. Durch das gemeinsame Blut haben wir die Fähigkeit, über die DNS in die Seele hinein- und durch sie hindurchzuhorchen in zahllose Leben.

Als Kinder haben die meisten von uns jede Art von emotionaler Ablehnung und Widerstand gegen unsere Familien ausgeübt. Als ich noch ein Kind war, war ich mir immer sicher, dass meine Eltern meine ältere Schwester viel mehr liebten als mich. Meine emotionalen Phantasien reichten von einer Variante des Aschenputtelthemas, der verstoßenen Stiefschwester, die nur Tiere als Freunde hatte, bis zum hysterischen: »Wenn ich sterbe, *dann* wirst du mich schon vermissen!« Meistens lief das Ganze nach dem Motto: »Niemand versteht mich. Niemand kümmert sich um mich.«

Ich fand erst viel später heraus, dass meine Schwester, die mir so vollkommen erschien, noch viel bizarrere Phantasien hatte als ich. Im Geheimen glaubte sie, dass sie überhaupt nicht das Kind dieser Eltern sei. Nur durch einen krummen Trick des harten Schicksals war sie hier gestrandet. Sie war die Erstgeborene und so betete ich sie in jeder Beziehung an. Sie war viel hübscher als ich, intelligenter, und alle liebten sie. Natürlich sah sie das alles ganz anders.

Wir erfinden phantastische Geschichten darüber, dass unsere Familie keine Ahnung hat, wer wir sind. Diese Gedankenformen tragen ein Stigma in sich. Sie prägen sich unserer emotionalen Struktur ein und wir wiederholen sie mit unseren Liebhabern und Freunden, bis sie ein Grundnahrungsmittel unserer emotionalen Diät werden.

Welche schrecklichen Dinge werfen wir unseren Eltern vor? Tausende von maßlosen Beleidigungen! Sie haben nicht intuitiv jedes unserer Bedürfnisse erahnt, sie haben bei unserer jeweiligen Phantasie nicht mitgespielt. Vielleicht stoßen uns ihre Körper ab. Vielleicht war es etwas so Einfaches wie fehlende Brüste. Ich erinnere mich, dass ich im Alter von 15 Jahren zutiefst wütend war auf meine Mutter, weil sie keine Brüste hatte und ich auch nicht. Ich glaubte, ich würde nie eine Frau sein.

Wir hegen Groll gegen unsere Eltern wegen deren körperlichen Unvollkommenheiten und weil wir ihre Formen geerbt haben. Sie haben sie wiederum von ihren Eltern. Was konnten sie da schon tun? Sie haben die gleichen inneren Gespräche geführt wie wir.

Wir fühlen uns fast immer berechtigt, anderen die Schuld zuzuschieben. Vielleicht hat ein Elternteil dem anderen oder uns selbst scheinbar etwas zugefügt und wir fühlen uns berechtigt, sie zu beschuldigen. Von der Warte unserer eigenen Wirklichkeit aus scheint es einfach, die Guten von den Bösen zu unterscheiden. An der Oberfläche ist alles sonnenklar. Solange man aber nicht das Karma zwischen zwei Menschen auf der geistigen Ebene sehen kann, versteht man den Sinn ihrer gemeinsamen Erfahrung oder Beziehung nicht. Man erkennt nicht, dass das Opfer den Täter zu sich ruft, um mit sich selbst ins Gleichgewicht zu kommen, für seine eigene Genesung.

Der Täter ist womöglich der beste Seelenfreund des Opfers, den dieses zu sich gerufen hat, damit er ihm hilft, eine Lektion zu lernen. Sind sie je zwischen zwei Streithähne getreten und haben erlebt, dass die beiden sich gegen Sie wenden, als ob *Sie* der Bösewicht wären? Die Wahrheit ist keine flache, lineare Darstellung dessen, was wir dreidimensional erkennen können. Die Wahrheit ist ein Zusammenklang vieler Facetten des Universalgesetzes in Bewegung.

Scheidungen sind ein beliebter Vorwand für Schuldzuweisungen. Die Eltern geben sich gegenseitig die Schuld am Scheitern ihrer Beziehung, während die Kinder das »Zerrüttete-Familien-Syndrom« als Modell übernehmen. In einem Seminar über Familien-DNS hatten wir ein großartiges Erfolgserlebnis, das bewies, wie stark die Wirkung sein kann, wenn wir diese Prägungen klären, und welche Veränderungen daraus hervorgehen.

Ich hatte die Teilnehmer gebeten, sich einer Gedankenform der Schuldzuweisung bewusst zu werden. Ein junger Mann eröffnete die Diskussion mit dem Thema, wen er beschuldigte.

»Sie sagten, niemand lehre uns, keinen zu beschuldigen. Mich lehrte man das Gegenteil. Mir wurde eingehämmert, dass immer mein Vater schuld sei.«

»Die Gedankenform war, dass er, weil er nie anwesend war, weil er immer abwesend war, uns allen das Leben vermieste. Nachdem meine Eltern fünf oder sechs Jahre geschieden waren – ich war damals etwa 15 oder 16 Jahre alt –, begann ich seine Rolle zu spielen, die einzige Rolle, die ich ihn je hatte spielen sehen: Wenn er zu Hause war, war er aggressiv und gewalttätig. Ich tat das Gleiche und begann zu trinken, genau wie er. Als Jugendlicher fühlte ich mich zutiefst schuldig, weil ich so war wie er, aber ich konnte nicht anders, als Löcher in Mauern zu sprengen, in blinder Wut total auszurasten und ständig außer mir zu sein.«

»Dann begann ich meine Mutter zu beschuldigen, weil sie sich nicht aufgelehnt und Vater verlassen hatte, als die Lage wirklich schlimm geworden war. Es ist komisch, denn vor einem Monat sagte sie, sie habe ihn wegen uns Kindern nie verlassen.«

»Meine Antwort war: ›Ich hätte aber gewollt, dass du weggehst, ich wollte, dass du ein gutes Leben hast.‹«

»Eine meiner Gedankenform war das Bild eines Knotens,
zwei Enden und ein dickes Ding inmitten ihres Kampfes, dieses
Hin und Her. Beide wollten frei sein und schafften es nicht. Ich
nehme an, dass ich der Knoten war.«

Immer und immer wieder habe ich Kinder sagen hören:
»Ich wollte, meine Eltern hätten uns nicht all ihre Kriege
durchmachen lassen.« Es wäre ihnen lieber gewesen, ihre
Eltern hätten sich getrennt, und es hätte nicht dauernd so
viel Zank, Feindlichkeit und Negativität geherrscht.

»Obschon sie sagte, sie sei deinetwegen in dieser Beziehung verblieben, ist es vielleicht ein geerbtes Vorurteil
gewesen, das in ihr Schuldgefühle weckte – so als wäre sie
eine schlechte Mutter gewesen, wenn sie nicht geblieben
wäre. Insbesondere weil sie aus einer katholischen Familie
stammte, hätte eine Trennung wohl bedeutet, dass sie dadurch nicht nur ihren Ehemann, sondern auch Gott verloren
hätte.«

Ein heimtückischer Grund, weshalb Leute in vergiftenden
Beziehungen verharren, ist die Furcht vor dem finanziellen
Ruin. Wir sind in der Familie derart stark von zwei Ein-
kommen abhängig geworden, dass wir entweder zu viel aus-
geben oder stark in einen Lebensstil investiert haben, der
einen höheren Status vorgibt, und es widerstrebt uns, diesen
aufzugeben. Eine Mutter fühlt sich vielleicht auch emotional
wie finanziell unfähig, ihre Kinder allein großzuziehen. Die
Herzensenergie ist der größte Reichtum. Ohne sie wird auch
noch so viel Geld das Leben nicht bereichern.

»Doch unter all deinen kulturellen und Familientraditio-
nen gibt es ganz tief drinnen einen weiteren Grund, weshalb
deine Mutter blieb. Der Grund war, dass sie mit deinem Vater etwas zu Ende bringen musste. Manchmal wollen wir,
dass der Kampf weitergeht, denn solange wir streiten, sind
wir noch miteinander in Beziehung. Menschen bleiben we-

gen des Karma zusammen, weil sie geistige Lektionen voneinander lernen.«

»Ich spüre, dass zwischen den beiden noch tiefe Bande bestehen.«

Das Schöne an dieser Geschichte ist, dass, einen Monat nachdem der junge Mann seine Familien-DNS geklärt hatte, der Vater beschloss, sein Leben zu ändern und nicht dauernd vor den Problemen und seinen Kindern davonzulaufen. Zum ersten Mal in zwanzig Jahren sprachen die Eltern miteinander, ohne zu streiten. Der Vater kam zu Besuch und alle Beteiligten haben ihr Bedürfnis, anderen die Schuld zuzuweisen, losgelassen. Sie arbeiten nun an neuen Lösungen. Dem jungen Mann erschien dies wie ein Wunder. Ich sehe es als ein Beispiel dafür, wie machtvoll die Auflösung eines negativen Erbes sein kann.

Ich bin sicher, dass auch Sie ab und zu anderen die Schuld gegeben haben. Was waren Ihre dramatischen Gedankenformen?

Versuch es mit dieser einfachen Frage: »Wem gebe ich in meiner Familie die Schuld?«

Schließ die Augen und sieh, wer sich meldet.

Stell folgende Frage: »Weshalb beschuldige ich sie oder ihn?«

Vielleicht siehst du ein Bild oder ein Erinnerungsfetzen kommt dir in den Sinn.

Frag deinen Körper, wo er die Schuldzuweisung festhält. Wo immer du diese Stelle in deinem Körper wahrnimmst, geh in deinem Bewusstsein dorthin und spüre die Energie.

Frag deinen Körper, welche Farbe er braucht, um die ganze
Schuld wegzuspülen.

Zieh diese Farbe in jene Stelle hinein und lass sie die
Wurzeln der Schuld gänzlich auflösen. Wenn du spürst, dass
alle Rückstände der Schuld verschwunden sind, atme tief
durch.

Frag die Person, der du die Schuld zugewiesen hast, welche
Farbe sie braucht, um mit dir in deinem Leben Harmonie zu
finden und freizukommen.

Stell dir vor, wie du diese Farbe durch den Scheitel aus
dem Kosmos in dich hineinziehst, und lass die Farbe durch
deinen Magen zur anderen Person hinstrahlen. Beobachte,
wo der andere sie in sich aufnimmt. Wenn dein Gegenüber
mit der Farbe angefüllt ist, stell dir vor, er oder sie löse sich
auf. Öffne die Augen.

Diese einfache »Bewusstseinsübung« wird einen Prozess in
Gang setzen, bei dem alte emotionale Rückstände aus Ihrem
Körper aufgelöst werden, so dass Sie selbst und die von Ihnen
Beschuldigten entdecken können, was es bedeutet, von der
Last negativer Bande *frei* zu sein.

Indem man jemandem Farbe sendet, wird man aktiv zum
Gebenden. Alte Gebermuster sind belastet mit Gedankenformen, die beinhalten, Gebender zu sein bedeute, ein Märtyrer oder zum Geben gezwungen zu sein. Die meisten Leute fühlen sich durch das Geben ausgelaugt, weil sie seine
energetischen Prinzipien nicht verstehen. Für sie bedeutet
Geben nur, dass sie dadurch eine Schuld schaffen, jemand
Ihnen dann also etwas schuldet. Tatsächlich haben aber in einer Beziehung die Gebenden die Macht, denn sie bilden die

Quelle der Energie, die zu den anderen fließt. Sie entscheiden sich für das Geben. Die Fähigkeit, frei zu geben, ohne Buch darüber zu führen – das ist wahre Freiheit und das Tor zur Glückseligkeit.

Familienkonstellationen

Unsere Familie – einschließlich entfernte Verwandte und Vorfahren – ist eine Ansammlung von Wesen, die genetisch gruppiert sind, um eine Konstellation zu bilden. Wir sind durch eine mysteriöse kosmische Kraft miteinander verflochten, die wir Vererbung, Karma, göttlicher Wille oder sogar LIEBE nennen mögen.

Intensivkurse am Light Institute über Familien-DNS beinhalten ebenfalls das Aufzeichnen einer Karte (eines Organigramms) unserer Familienkonstellation (siehe Abbildung 1 und 2, S. 66 und 67). Die Skizze hilft uns, klar zu erkennen, wie wir psychisch und emotional mit ihnen in Beziehung stehen und wie wir sie energetisch um uns herum gruppieren. Beim Zusammenstellen der Karte können wir unsere Familienkonstellation über räumliche Beziehung beschreiben. Vielleicht fühlen wir uns einem Großvater oder Cousin enger verwandt als unseren Eltern oder Geschwistern und so zeichnen wir sie gleich neben uns ein. Jemand anderen platzieren wir womöglich an den Blattrand, weil wir uns ihm nicht verbunden oder sogar entfremdet fühlen.

Oft sind die Leute erstaunt, wenn sie das Resultat ihrer Zeichnung sehen. Wenn sie die verschiedenen Familienmitglieder vor sich betrachten, können sie sowohl Gefühlskorrelationen als auch physische Beziehungen erkennen. Sie werden sich tiefer Aspekte bewusst, die sie eine besondere Anziehung zum einen oder anderen Verwandten empfinden

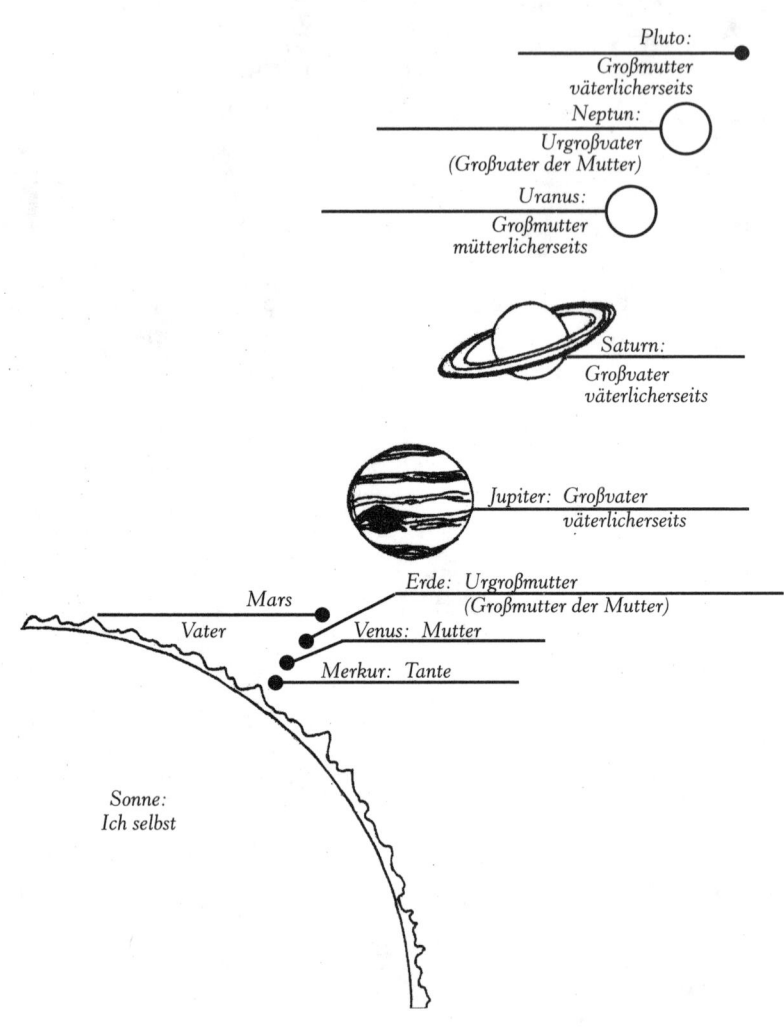

Familienkonstellation
Abbildung 1

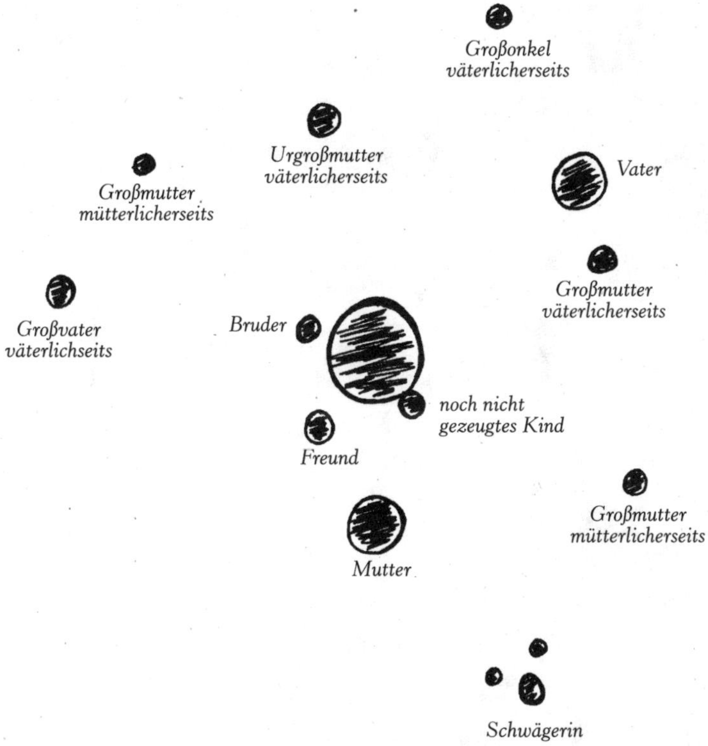

Großonkel
väterlicherseits

Urgroßmutter
väterlicherseits

Großmutter
mütterlicherseits

Vater

Großmutter
väterlicherseits

Großvater
väterlicherseits

Bruder

noch nicht
gezeugtes Kind

Freund

Großmutter
mütterlicherseits

Mutter

Schwägerin

Familienkonstellation
Abbildung 2

lässt, ohne dass sie sie erklären könnten. Diese Energetik stammt aus dem Bereich der geistigen DNS.

Es gibt vielleicht Gruppen von Verwandten, die der einen oder anderen Seite der Familie entsprechen oder die von einzelnen Familien innerhalb der Konstellation gebildet werden. Wenn wir die Kleinfamilie, die Großfamilie und die angeheirateten Verwandten sehen, beginnen wir zu erkennen, wie viele Menschen mit unserem Leben zusammenhängen, nicht durch Zufall, sondern auf Grund einer tiefen Verwandtschaft, die uns alle umfasst.

Es ist wichtig, angeheiratete Verwandte mit zu berücksichtigen, ebenso Stiefkinder oder Stiefeltern. Manchmal entdeckt man, dass man mit einer Person eine enge Verwandtschaft empfindet, die nicht über Blutsbande mit einem verwandt ist. Manchmal sieht die betreffende Person einem sogar ähnlich oder sie hat Merkmale, die man als seine eigenen erkennt. Eine angeheiratete Tante hat möglicherweise die gleichen Eigenschaften wie Ihre Großmutter, die sie Ihnen vererbt hat. So wie Männer oft Frauen heiraten, die entweder wie ihre Mütter aussehen oder sich so verhalten, gibt es ein Familienband zwischen Ihnen und dieser Tante. Dieser Umstand zeigt, wie die Form das feinstoffliche Wesen ausdrückt.

Ich habe den Eindruck, dass Stiefeltern oft wegen einer tiefgründigen Beziehung zu einem oder mehreren der Kinder in eine Familie einheiraten, zumindest ebenso tief wie die zum Partner. Die Intensität mag mit Themen wie Eifersucht oder Projektion zu tun haben und sie kann die ganze Skala von Hass über Freundschaft bis hin zu großer Liebe abdecken. Wie immer das Spielfeld aussehen mag, es hat stets etwas mit unserer Lektion zu tun.

Das Aufzeichnen Ihrer eigenen Familienkonstellation könnte für Sie sehr erhellend sein. So werden Sie, wenn wir die Vererbung besprechen, genau wissen, was für Sie zutrifft und wer den größten Einfluss auf Ihr Leben hat. Um diese Konstellation aufzuzeichnen, können Sie mit einem Punkt inmitten einer blanken Seite beginnen, der Sie darstellt. Dann zeichnen Sie nach und nach die Familienmitglieder ein, die Ihnen zuerst in den Sinn kommen. Obschon dies meistens die unmittelbare Familie ist, empfinden Sie vielleicht ganz anders. Zeichnen Sie einfach die Menschen, die für Sie am wichtigsten sind, dem Punkt, der Sie darstellt, am nächsten ein.

Vielleicht müssen Sie sich anstrengen, um sich an einige Mitglieder Ihrer Großfamilie zu erinnern. Doch auch wenn Sie diese nie persönlich kennen gelernt haben, sollten Sie sie auf die Karte setzen, denn sie stellen Ihr Ahnen-Chi dar.

Eine andere Möglichkeit, die Familienkonstellation auszudrücken, besteht über die Astrologie. Sie können das Sonnensystem oder die Galaxie als Vorlage verwenden. Stellen Sie sich Ihre Familie als eine Sternenformation von Wesen vor, die zusammengehören und in vorgegebenen Beziehungsmustern um einander kreisen, wie die Sonne und deren Planeten. Sie könnten sogar jedes Familienmitglied auf Grund seiner kennzeichnenden Charakterzüge der Energie des jeweiligen Planeten zuordnen. Eine Person mit einer starken Persönlichkeit wäre vielleicht Mars, eine andere mit einer jovialen, fröhlichen Art könnte Jupiter darstellen.

Es ist auch nicht ungewöhnlich, dass zwischen zwei oder drei Familienmitgliedern eine besonders starke Bindung besteht, da diese sich viel näher stehen und besser miteinander auskommen als die anderen. Das gilt auch für die Allgemeinheit. Obwohl wir uns unserer Vorlieben bewusst sind, ist es uns vielleicht nie eingefallen, den Ursprung unserer Affinität zu anderen zu betrachten. Ich bin mir ganz sicher, dass es ein gemeinsames Erbe gibt, das uns das Gefühl gegenseitiger Vertrautheit gibt, egal ob es aus unserem kleinen irdischen Genpool oder von unserer absoluten Seele stammt.

Gerichtete Vererbung

Innerhalb der Familienkonstellation gibt es mehrere Hauptvererbungswege, die uns helfen, uns unserer Beziehung zu den verschiedenen Familienmitgliedern bewusst zu werden. Indem wir unsere Verwandten über die ihnen entsprechenden Wege ansehen, können wir besser verstehen, was wir mit ihnen in Bezug auf Vererbung und Karma gemeinsam haben. Diese Wege schlagen bestimmte Richtungen ein und bilden senkrechte, waagrechte und diagonale Winkel. (Siehe Abbildung 3, Seite 78.)

Die Linien zwischen Eltern und Kind sowie Großeltern und Enkeln kennzeichnen den senkrechten Verlauf. Geschwister und Cousins ersten Grades haben eine waagrechte Beziehung. Die diagonale Linie bezeichnet die Beziehung zwischen Tante oder Onkel zu Neffen oder Nichte sowie den Cousins zweiten Grades.

Diese gerichteten Vererbungswege sind besonders aufschlussreich in Bezug auf die vorherrschenden Austauschmöglichkeiten – über die grundlegenden hinaus, die sie jedem von uns bieten. Man kann es sich so vorstellen, dass man eine Person von bestimmten Winkeln aus ansieht. Vielleicht ist die Person größer oder kleiner als Sie selbst, vielleicht stehen Sie der Person direkt gegenüber oder Sie sehen sie von der Seite. Jede Perspektive ermöglicht Ihnen, sich auf verschiedene Weise auf die Person zu beziehen.

Die senkrechte Linie

Die senkrechte Vererbungslinie ist der direkte Lebensimpuls, der von Generation zu Generation weitergegeben wird. Wenn er von den Großeltern auf das Enkelkind überspringt, ergibt sich eine andere Dynamik, die in die ätherischen Gebiete hineinreicht und uns mit tiefen Ahnen- und geistigen Kanälen verbindet.

Die senkrechte Blutsverwandtschaft zwischen Eltern und Kind stellt einen riesigen Spiegel dar, in dem sich das Selbst abbildet. Die Eltern sehen sich in ihren Kindern und projizieren ihr emotionales Repertoire an Assoziationen und Schlussfolgerungen auf sie. Dies gilt besonders für Elternteil und Kinder des gleichen Geschlechts, also zwischen Mutter und Tochter, Vater und Sohn. So wie die Tochter von ihrer Mutter lernt, eine Frau zu sein, spielt die Mutter ihr eigenes Kindheitserbe an ihrer Tochter erneut durch. Sämtliche Gedankenformen, die sie betreffend Frausein, Beziehung und Sexualität geerbt hat, gibt sie im Augenblick der Zeugung über ihr Ei an das Kind weiter.

Während der Sitzungen am Light Institute, bei denen es um die Klärung der Eltern geht, führen wir das Bewusstsein des Klienten zum Augenblick der Zeugung zurück und betrachten die Gedankenformen von Vater und Mutter. Deine Mutter dachte dabei vielleicht an das vorangegangene Abendessen, oder an das, was sie am folgenden Tag tun wollte. Ihre mangelnde Teilnahme war womöglich durch eine Gedankenform verursacht, gemäß der Sex als Pflicht oder emotionale Entfremdung von ihrem Ehemann empfunden wird.

Der Zellgeist ist ein vollkommener Computer, der nahezu jedes Partikel existentieller Erfahrung aufzeichnet und es durch jede neue Zellgeneration in die Zukunft sendet. Es scheint unverständlich, dass sich etwas, was sich im Kopf oder Körper unserer Eltern abgespielt hat, in uns wiederholt, aber sehr wahrscheinlich ist es so.

Von dem Augenblick an, in dem ein befruchtetes Ei sich in die Gebärmutterwand einnistet, beginnt es von seiner Mutter Nahrung zu beziehen. Dieses Richtungsmuster, bei dem Energie zum Selbst hingezogen wird, ist die Ursache vieler späterer Leiden, denn das Kind zieht später auch die Gefühle und Einstellungen von seiner Außenwelt in sich hinein und erlebt sie als seine eigenen, genauso wie es dies im Mutterleib tat. Der physiologische Körper reagiert auf die äußeren Energien mit Symptomen wie Kopfweh und Magenschmerzen, die von der über andere aufgenommenen Verschmutzung herrühren.

Diese emotionalen Energien werden zu einer Art negativen Umwelterbes, das uns die Angst und den Zorn der anderen spüren lässt, ohne dass wir dabei erkennen, dass es nicht unsere eigenen sind. Wir leben unsere Identität mit einer Unzahl von Vorurteilen aus, die wir schon vor unserer Geburt aufgenommen haben. Deshalb fällt es uns derart schwer, zwischen uns und unseren Eltern Distanz zu schaffen. Sogar wenn wir uns geloben, nie wie sie zu werden, werden wir es oft doch.

Ihre Eltern sehen Sie ihrerseits als ein Echo ihrer selbst, und sie können nicht verstehen, weshalb Sie sich so dagegen wehren, wie sie zu werden. Diese Echowirkung kann besonders schwierig sein, wenn Ihre Eltern ihre eigenen Probleme in Bezug auf ihr Selbstwertgefühl haben oder meinen, Sie vor allem, was ihren eigenen Erfahrungen ähnelt, schützen zu müssen.

Die waagrechte Linie

Der horizontale Vererbungsweg ist voller machtvoller Projektionen auf unsere Geschwister und Cousins, die unser Selbstbild beeinflussen. Die Eigenschaften, die wir bei anderen wahrnehmen, können in uns durch assoziative Vererbung aktiviert werden. Wir lernen von dem, was uns als Beispiel vorgeführt wird, und prägen es uns ein, unabhängig von der Person, die es uns lehrt.

Wenn unsere Vorbilder älter sind als wir, sehen wir sie oft als stärker oder gescheiter und versuchen daher, sie nachzuahmen. Wenn sie jünger sind, fühlen wir uns vielleicht von ihnen bedroht, fürchten, sie könnten uns etwas wegnehmen. Diese Gedankenformen werden uns meistens über kulturelle Prägungen von anderen eingegeben. Hinter dem Schleier des Konkurrenzkampfs um die elterliche Liebe und andere Anerkennung in der Familie besteht eine enge Verbindung zwischen den Geschwistern, über die sie sich gegenseitig als Seelenfreunde erkennen. Obschon Geschwister manchmal miteinander streiten, beschützen sie einander Außenstehenden gegenüber. Es ist nicht ungewöhnlich, dass ein Kind erkennt, wenn die Mutter in Erwartung ist, und zwar noch, bevor diese selbst es weiß. Zwei meiner Kinder kündigten mir die Ankunft ihres jüngsten Geschwisters an, bevor ich es wusste. Wenn der Geist des nächsten Kindes mit den Eltern Kontakt aufnimmt, spürt das ältere Kind dessen Anwesenheit direkt.

In einer meiner Sitzungen zum Aufdecken emotionaler DNS sah ich meine Schwester zum Mond hinaufstarren. Ich spürte, wie sie ins All hinausblickte, und ich wusste, sie rief mich, sie wartete darauf, dass ich geboren würde. Es war eine Erfahrung tiefster Liebe. Etwas in meinem Innersten war tief berührt, als ich die wunderbaren Bande zwischen uns erkannte.

Cousins und Cousinen haben oft einen besonderen Platz in unserem Herzen. Sie sind uns auf mysteriöse und faszinierende Weise ähnlich und spiegeln Charakterzüge der Familie, so dass wir unser Erbe von einer entfernteren Warte aus beobachten können. In der Kindheit bieten die Cousins und Cousinen einen sicheren Ort, an dem wir uns in Beziehungen üben können. Wir tun, als wären wir »Partner«, und spielen die Beziehung zwischen unseren Eltern nach. Manchmal beinhalten diese Spiele auch sexuelle Annäherungsversuche, die sich mit Cousins und Cousinen leichter durchführen lassen als mit Geschwistern. Zahllose Menschen haben lachend zugegeben, dass sie in ihren Cousin oder ihre Cousine verliebt waren, bis sie alt genug waren, um zu wissen, dass dies verboten ist.

Als ich mein Höheres Selbst bat, mir jemanden in meiner Familie zu zeigen, von dem ich einen bestimmten Charakterzug geerbt habe, kam mir mein Vetter Dickie in den Sinn. Ich sah, wie er einen Zenstab hielt und sehr entschlossen dreinblickte.

Ich erkannte die Zenenergie in seinem Stirnrunzeln. Sie schien energetisch zwischen seinen Augenbrauen herauszuschießen. Ich erkannte auch, dass unsere Augen die gleiche Form haben und einen ähnliche Ausdruck zeigen.

Blitzartig erkannte ich, dass wir uns sehr ähnlich sind und dass wir beide unseren Willen einsetzen, um das zu verteidigen, was wir als richtig erkannt haben. Ich erinnerte mich, wie ich als Kind oft das Gefühl hatte, er schlage mich psychisch, damit ich die Dinge auf die disziplinierte Art tat, die er als richtig empfand. Viele unserer Spiele enthielten diese Komponente, bei der er den strengen Lehrer spielte. Es ist interessant zu wissen, dass er mit Anfang zwanzig den Zenbuddhismus entdeckte und diesem Weg seit mehr als dreißig Jahren strikt folgt.

Ich kann die gleiche Zenenergie in mir spüren und ich erkenne, dass ich sie an einen meiner Söhne weitergegeben habe. Tief in meinem Inneren weiß ich, dass es etwas ist, was wir in einem anderen Leben zusammen erlebt haben und wir es deshalb in unserer Kindheit in diesem Leben erneut durchgespielt haben. Nachdem ich mir dessen bewusst geworden bin, fühle ich, dass ich das Ganze mit Liebe vervollkommnen kann. Es genügt nicht, das »Wissen« zu haben, man muss es in die Praxis umsetzen und mit Sanftheit ausdrücken.

Beachten Sie bitte, dass ein gemeinsames körperliches Merkmal (wie zum Beispiel die Augenform) mit emotionalen und geistigen Aspekten verflochten ist. Tatsächlich sind sie nie voneinander getrennt. Wir haben einfach in der Vergangenheit ihre Beziehung nicht erforscht.

Die diagonale Linie

Die diagonale Linie zu Tanten und Onkeln stellt meistens eine stützende Beziehung dar. Der waagrechte Schritt von den Eltern und dann diagonal zur Nichte oder zum Neffen bringt die Fähigkeit mit sich, eher feinstoffliche genetische Eigenschaften weiterzugeben. Der direkte Weg über die Blutsbahnen spielt hier eine kleinere Rolle. Dies können Charakterneigungen oder Talente sein, emotionale Blickwinkel oder physische Vorlieben sanfterer Art. Während Vater und Mutter uns oft so nahe stehen, dass sie sich nicht von uns distanzieren können, erkennen diagonal Verwandte viel leichter, wer wir wirklich sind. Sie ermuntern und lehren uns auf eine Weise, wie unsere Eltern es vielleicht nicht können. Weil ihnen nicht so viel daran liegt, sich selbst *durch* uns zu sehen, können sie uns wirklich *sehen*. Sie mögen etwas in einer Nichte oder einem Neffen erkennen und es durch ihre liebevolle Unterstützung hervorbringen. Diagonale Bahnen übermitteln die Vererbung über Worte oder Berührungen und dank der Blutsverwandtschaft besteht zwischen den beiden eine Schwingung, die zu einer der tiefsten Beziehungen führt.

Denken Sie an Ihre Tanten und Onkel und Sie werden vermutlich das warme Gefühle der Liebe empfinden, die diese Ihnen geben möchten. Ihren eigenen Kindern gegenüber sind sie womöglich so kritisch wie Ihre Eltern Ihnen gegenüber, aber Sie werden von ihnen mit Lob und Zuneigung überhäuft. Allgemein stellen diagonale Verwandte eine Art liebender Fürsorge und Interesse an den Kindern ihrer Geschwister zur Schau. Beobachten Sie einmal, ob Ihre Eltern das Gleiche mit Ihren Cousins und Cousinen machen.

Es stimmt auch, dass unter den Familienangehörigen, die Kinder sexuell belästigen, mehrheitlich Onkel zu finden sind. Homosexuelle Männer sind oft schon in ihrer frühen Jugend von ihren Onkeln sexuell berührt worden. Auch Mädchen sind oft geilen Onkeln ausgesetzt. Die sexuellen Gelüste nach Nichten und Neffen verdecken möglicherweise uneingestandene sexuelle Gefühle gegenüber Geschwistern oder sogar Eltern. Was immer der versteckte Auslöser sein mag, auf der Ebene der Blutsverwandtschaft besteht eine mächtige Anziehungskraft, die Menschen veranlasst, Dinge zu tun, die sie Fremden nie antun würden.

In vielen Familien allein erziehender Eltern spielen Tanten und Onkel eine wichtige Rolle, indem sie die Lücke des abwesenden Elternteils ausfüllen. Für Menschen, die keine eigenen Kinder haben, kann das ein symbiotisches Arrangement sein. Sie geben wunderbare Vorbilder für den nicht vorhandenen Vater oder die Mutter ab. Ohne dem täglichen Druck des Alltags ausgesetzt zu sein, tragen sie ein tröstliches, liebevolles Element bei, das sowohl der oder die Alleinerziehende als auch die Kinder schätzen.

Es ist äußerst verwirrend, wenn man feststellt, dass man Charakterzüge und Neigungen von Onkeln und Tanten erben kann, die keine Blutsverwandten, sondern angeheiratet sind! Anfänglich mag man glauben, es hätte etwas mit Umwelteinflüssen zu tun oder es sei uns durch Familien- oder kulturelle Muster eingeimpft worden. Tatsächlich hat man es aber geerbt, weil die psychogenetischen Pfade Seelenfreunde miteinander verbinden, und zwar über gemeinsame Inkarnationen und Seelenbande, die weit über die Erfahrungen dieses einen Lebens hinausgehen.

Obwohl wir unsere Partner auf Grund spezifischer, zu uns passender Züge auswählen, entscheiden wir uns psychogenetisch für deren ganze Familienkonstellation. Diese nehmen wir in unsere eigene auf, damit wir die uns verfügbaren Vererbungswege etablieren und erweitern können. Obschon es uns oft erstaunt, zu entdecken, wie sehr wir gewissen, nicht blutsverwandten Familienmitgliedern verbunden sind, erleben wir doch, dass unsere Gefühle echt sind.

Ob nun die Vererbungswege senkrecht, waagrecht oder diagonal verlaufen, es ist immer faszinierend, sich der Bedeutung der familiären Bande bewusst zu werden. Sie bieten ausgezeichnete Möglichkeiten, Aspekte unseres Selbst zu überdenken, die wir verstärken oder ablegen wollen.

Gerichtete Vererbung

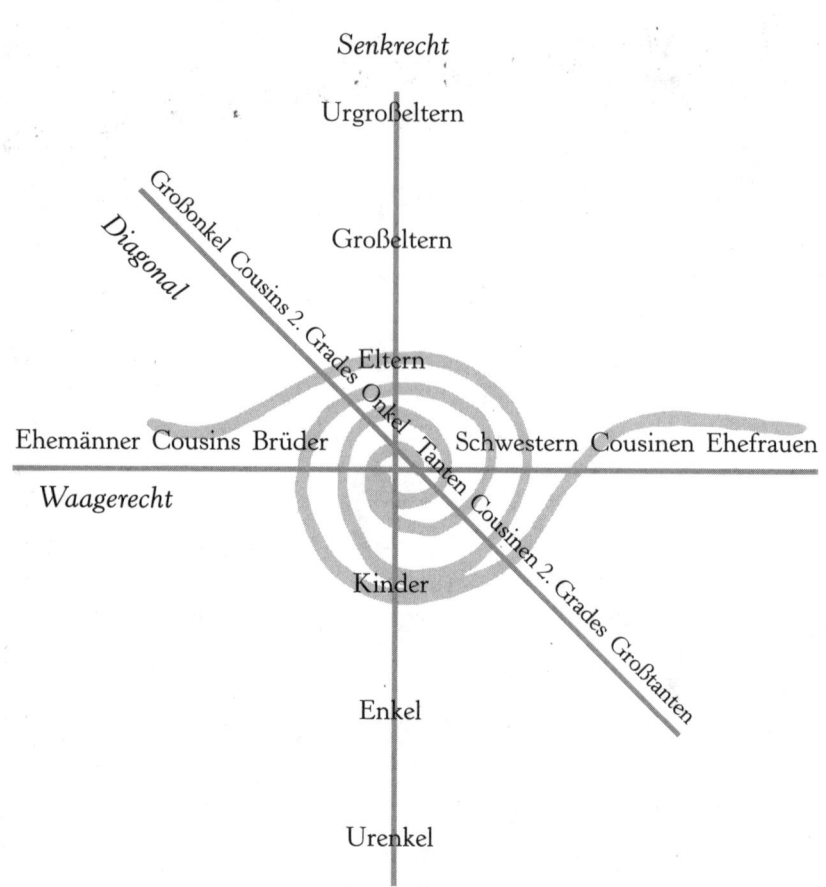

Abbildung 3

Familien-DNS

Unser Familienerbe umfasst emotionale DNS, geistige DNS und physische DNS. Wir können tatsächlich herausfinden, was wir von wem geerbt haben. Wenn wir unseren Körper bitten, uns die vererbten Züge zu zeigen, können wir beobachten, wie sie unser Leben beeinflusst haben. Diese Wiedergabe ist großartig, überwältigend und absolut faszinierend. Es stellt sich heraus, dass Menschen, an die wir kaum jemals denken oder die wir nie getroffen haben, die Formgeber für unseren Leib und Ansporn für unsere Seele sind. Das ganze Panorama unserer Familie zieht vor unserem nichts ahnenden Geist vorbei und ordnet alle unsere Phantasien und Illusionen um. Wir müssen die Bausteine unserer früheren Familienkonstrukte neu zusammenstellen.

Wir wollen uns nun ein paar Beispiele für Vererbung ansehen, die bei Light-Institute-Sitzungen über »Familien-DNS« zutage traten. Diese Darstellungen belegen die große Klarheit, die sich durch die Erforschung unserer familiären Bande bewirken lässt.

Wir beginnen mit »fortgeschrittenen emotionalen Erkundungen«, die uns gestatten, Erinnerungen und Erfahrungen aufzurufen, um die vererbten Eigenschaften genau zu bestimmen. Im ersten Teil der Übung bitten wir einfach unser Höheres Selbst, uns einen physischen, emotionalen oder geistigen Zug zu zeigen, den wir geerbt haben. Im zweiten Teil suchen wir nach einer Erinnerung oder Erfahrung in diesem Leben, die diese Vererbung veranschaulicht. In weiteren Kapiteln verwenden wir ein ähnliches Muster, um herauszufinden, wie multi-inkarnationale Erkundung die tiefsten Vererbungsmuster offen legen kann und wie wir sie aus unserer physischen, emotionalen und geistigen DNS entfernen können.

Physische Muster

»Bitte dein Höheres Selbst, dir eine Person aus deiner Familienkonstellation zu zeigen, von der du ein Körpermuster
geerbt hast, das du jetzt klären solltest.«

Ein junger Mann:

*»Ich sehe meinen Vater. Er hat einen dicken Bauch und ich be-
gann schon als kleiner Junge, ebenfalls einen Bauch zu entwickeln. Es ist mein Magen. Ich habe immer Verdauungsbe-
schwerden gehabt – genau wie mein Vater.«*

»Bitte deinen Leib, dich dahin zurückzuführen, wo du das
erste Mal Verdauungsschwierigkeiten hattest.«
 *»Ich bin ein Säugling. Meine Mutter gibt mir Milch in einer
Flasche. Sie schmeckt nicht gut. Sie ist zu schwer. Sie verursacht mir Bauchweh. Ich weine unaufhörlich. Je mehr ich weine,
desto mehr Milch gibt sie mir.«*

»Beobachte, was du sonst noch siehst. Was ist mit deinem
Vater?«
 *»Ich kann meinen Vater spüren. Sein Magen ist verkrampft.
Ich bin drei Jahre alt. Wenn er mit meiner Mutter spricht, kann
ich spüren, dass er Knoten im Magen hat. Er hat dicke Polster
über seinem Bauch, die ihn schützen sollen. Ich sehe, dass ich
meinen Bauch auf die gleiche Weise halte wie er. Das Essen
sitzt in meinem Magen genau wie in seinem.«*

»Frage deinen Magen, welche Farbe er braucht, um die Ver-
krampfung zu lösen, damit er sich entspannen und verdauen
kann.«
 »Er braucht Grün.«

»Ziehe das Grün wie flüssiges Licht in deinen Magen hinein und beobachte, was geschieht.«
»Mein Magen wird langsam weich. Ich spüre, wie das Grün durch den Bauchnabel einfließt.«

»Frage deinen Körper, wo er die Erfahrung des Weinens festhält, als die Mutter dir die schwere Milch einflößt.«
»In meiner Brust.«

»Frage deine Brust, welche Farbe sie braucht, um diese Erinnerung jetzt zu löschen.«
»Sie braucht Rosa.«

»Ziehe das Rosa in deine Brust und lass es diese Erfahrung wegspülen. Sag mir, wenn sie verschwunden ist.«
»Sie ist weg. Ich fühle mich sehr offen.«

»Du kannst auch deinem Vater heilende Energie senden, um ihm zu helfen.«
»Das würde ich gerne tun.«

»Frage deinen Vater, welche Farbe er von dir braucht, um seine Verdauungsstörung zu heilen.«
»Blau.«

»Stell dir vor, dass du aus dem Kosmos ein blaues Licht heranziehst und durch den Scheitel in deinen Magen führst. Lass das blaue Licht wie einen Laser zu deinem Vater strahlen und beobachte, wo er ihn in sich aufnimmt.«
»Es dringt durch den Magen in ihn ein.«

»Gut. Sende ihm weiter blaues Licht, bis er verschwindet.«
»Er ist weg. Das ist unglaublich. Ich fühle mich großartig!«

Emotionale Muster

Eine Frau Anfang vierzig:

»Bitte dein Inneres Kind, dir eine Person aus deiner Familienkonstellation zu zeigen, von der du ein emotionales Muster geerbt hast, das du jetzt klären solltest.«

»Es ist meine Tante Betsy. Sie behauptet immer, dass alle sie anschreien und dass sie nur den Zorn der anderen spiegelt, wenn sie zur Selbstverteidigung zurückschreit. Sie ist so selbstgerecht. Sie glaubt, sie sei die Brave und alle anderen versuchten, sie zu beherrschen.«

»Bitte dein inneres Kind, dich an einen Punkt in deinem jetzigen Leben zu führen, an dem du die gleiche Selbstgerechtigkeit erlebt hast.«

»Gerade letzte Woche.«

»Was geschah da?«

»Meine Mutter sagte, dass ich etwas für meine Großmutter hätte tun sollen. Ich fand, dass sie alle um sich herum manipulierte, und wies sie ab. Ich hatte es satt, dauernd von ihr zu hören, wie ich mich zu verhalten hätte, während sie doch so ein gehässiges Ekel war. Vielleicht war ich selbstgerecht, weil ich fand, nur sie schreie. Ich denke, ich schrie ebenfalls.«

»Frag deinen Körper, wo er diese Erinnerung von letzter Woche festhält.«

»Sie sitzt in meinem Hals; er fühlt sich sehr eng und trocken an.«

»Frag deinen Hals, welche Farbe er braucht, um diese Erinnerung mit allen dazugehörigen Gefühlen aufzulösen.«

»Gelb.«

»Zieh die gelbe Farbe in deinen Hals hinein und spül die ganze Szene weg. Mach weiter, bis du eine Änderung im Hals verspürst.«

»*Wow! Er fühlt sich richtig offen an. Mir ist, als ob ich singen könnte.*«

Geistige Muster

»Bitte dein Höheres Selbst, dir eine Person in deiner Familienkonstellation zu zeigen, von der du ein geistiges Muster geerbt hast, das du jetzt klären sollst.«

»*Ich kenne diese Person nicht. Es liegt weit zurück auf Vaters Seite. Ich denke, es ist ein Urgroßonkel. Mir scheint, er ist in Irland. Rote Haare. Nun kann ich ihn sehr klar sehen.*«

»*Er ist äußerst spirituell, doch hat er geradezu panische Angst, dies oder seine Kräfte zu zeigen. Es erschreckt ihn. Er ist gutmütig, doch hat er diese tiefe, grundlegende Spiritualität, über die er mit niemandem sprechen kann. Er hat große Angst, sie zu offenbaren.*«

»Was befürchtet er, falls die Leute diese erkennen?«

»*Sie würden es als Schwäche sehen oder seinen Glauben, er habe die göttliche Macht in sich, für Wahn halten. Er meint, die Leute würden denken, er sei verweiblicht oder so etwas. Es richtet sich gegen seine normale Religion. Es ist wie eine Verbindung zum Kosmos. Es ist etwas tief in ihm drin, das er versteckt. Er hat solche Angst davor, weil er nicht richtig versteht, was es ist. Es ist ein wunderschönes geistiges Wissen.*«

»Ich habe diese Angst vor der Schönheit der Spiritualität ge-
erbt.«

»Bitte dein Inneres Kind, dich zu einer Erinnerung in diesem
Leben zurückzuführen, bei der diese geerbte Angst auf-
stieg.«
     »Ich bin sehr jung, etwa vier Jahre alt, und ich höre die Leu-
te über Religion und die Kirche sprechen. Ich weiß, dass das,
was sie sagen, nicht stimmt. Diese Geschichte von dem zornigen
Gott – wie Gott uns straft und man sich danach richten muss ...
immer in Angst vor Gott. Ich spüre in mir eine Helligkeit, weil
ich weiß, dass Gott nicht straft, doch habe ich den Eindruck,
mit mir stimmt etwas nicht, weil ich so empfinde. Ich kann es
ihnen nicht sagen. Ich wüsste nicht, wie.«

»Wo hältst du den Rückstand dieser Furcht, dein geistiges
Wissen zu zeigen?«
     »In meinen Genitalien.«

»Welche Farbe braucht es, um den Rückstand wegzuspülen?«
     »Kobaltblau.«

»Zieh die Farbe direkt in deine Genitalien hinein und lass sie
die ganze Angst aufsaugen, bis sie verschwunden ist.«
     »Sie ist weg.«

»Wo hältst du die Erinnerung an das geistige Wissen in dir,
das du verstecken musst, fest?«
     »In beiden Knien. Sie brauchen rotes Licht.«

»Lass das Rot deine Knie freiwaschen und dir die Kraft geben, nie wieder etwas zu verbergen, was du weißt.«

»Sie fühlen sich leicht an. Dies könnte mein ganzes Leben ändern!«

Es ist außerordentlich erhellend, wenn man anhand der Familienkonstellation erkennt, was man geerbt und mit den anderen Familienangehörigen gemeinsam hat. Sobald man sich dieser Züge bewusst geworden ist, kann man sie einsetzen oder aus unserem Leben entfernen.

Nachstehend eine Bewusstseinsübung, mit der man die karmischen Bande zu unseren Verwandten, egal ob körperlicher, emotionaler oder geistiger Art, finden kann.

Lesen Sie die Übung mehrmals durch und führen Sie sie dann aus.

(Ihr *Höheres Selbst* stellt Ihre eigene innere Stimme oder Intuition dar. Stellen Sie die Fragen und akzeptieren Sie, was immer Ihnen in den Sinn kommt.)

Schließ die Augen und atme dreimal tief in deinen Leib hinein.

Bitte dein Höheres Selbst, innerhalb deiner Familienkonstellation jemanden auszuwählen, mit dem du eine karmische Verbindung hast. Vielleicht siehst du die Person als Bild oder hörst ihren Namen.

Bitte darum, es möge dir etwas gezeigt werden, was du von dieser Person oder mit ihr zusammen geerbt hast.

Es kann ein Körpermerkmal sein, wie zum Beispiel die Mundform, die Körperform oder eine Tendenz zu Nervosität oder Erkältungen.

Es kann eine emotionale Eigenheit sein, wie zum Beispiel Jähzorn, ein Hang zum Herrschen oder ein freundliches Wesen.

Es kann ein geistiger Aspekt sein, wie zum Beispiel eine schöpferische Gabe, die Liebe zur Natur, ein beschaulicher Lebensstil.

Sobald du dir des Erbmerkmals bewusst bist, bitte dein Höheres Selbst, dir eine Erfahrung oder Erinnerung zu zeigen, bei der du dieses Erbe in diesem Leben angewandt hast.

Frag deinen Körper, wo er die Erinnerung festhält.

Frag ihn, welche Farbe der entsprechende Körperteil braucht, um die Erinnerung loszulassen.

Zieh die Farbe in jenen Körperteil und löse die Erinnerung auf.

Sobald du spürst, dass sie losgelassen ist, frag die entsprechende Person, welche Farbe sie von dir braucht, um in deinem jetzigen Leben mit dir ins Gleichgewicht zu kommen.

Stell dir vor, wie du die Farbe aus dem Kosmos in deinen Scheitel einziehst, hinunter zum Sonnengeflecht, und lass die Farbe zu der Person hinstrahlen. Stell dir vor, du siehst, wo die Person die Farbe in sich aufnimmt. Wenn du spürst, dass die Person mit Farbe angefüllt ist, gib ihr noch ein bisschen mehr Farbe, bis sie ganz verschwindet.

Atme tief durch und öffne die Augen.

Die Informationen, die diese Übung vermittelt, sind oft überwältigend. Es ist nicht ungewöhnlich, dass das Höhere Selbst uns etwas zeigt, was wir von einem Verwandten geerbt haben, an den wir nie denken. Man könnte auch die ganze Familienkonstellation durchgehen, um herauszufinden, was man mit jeder einzelnen Person genetisch gemeinsam hat. Wenn man das tut, lockert man das Gewebe des genetischen Bauplans, so dass man es auf neue Art und Weise wieder zusammenweben kann.

Es könnte besonders aufschlussreich sein, die Verbindung zu den Menschen zu prüfen, die man innerhalb der Familienkonstellation nicht mag. Die Personen, die man am wenigsten mag, sind oft diejenigen, mit denen man bestimmte Züge gemeinsam hat. Einige der psychogenetischen Rückstände oder Bezugspunkte haben ihren Ursprung in anderen Leben, die Sie mit Ihren Familienangehörigen zusammen verbrachten, und sie übertragen sich deshalb auf Ihre Beziehung in diesem Leben.

Die emotionalen Eigenschaften der Projektion spielen eine Rolle bei unseren Gefühlen für andere. Wir nehmen negative Wesenszüge an ihnen wahr, die eigentlich unsere eigenen sind. Obschon wir nicht verstehen, weshalb sie auf uns so irritierend wirken, sind wir ähnlichen Schwingungen gegenüber empfänglich, die in unserer eigenen Psyche sitzen.

5. Kapitel

ELTERN
Das Blut-Chi

Alle Familien haben einen Zusammengehörigkeitssinn, der durch das Blut übermittelt wird. »Blut von meinem Blut« ist ein derart starkes Band, dass fast gar nichts es auflösen kann. Ob wir eine Wut auf unsere Eltern haben oder uns ihnen sehr verbunden fühlen – etwas hält uns zusammen, auch wenn wir sie nie sehen. Im Laufe der Zeit werden wir unseren Eltern immer ähnlicher, sowohl im Aussehen als auch in der Lebenseinstellung, weil die in der Kindheit in uns gesäte Saat zu sprießen beginnt. Auch nach dem Tod der Eltern halten wir an ihnen fest. Ihr Blut in uns drückt uns einen unauslöschlichen Stempel auf. Das Blut-Chi ist eine unwiderrufliche Signatur einer Beziehung, die sich nicht ausradieren lässt. Sie kann nur durch bedingungslose Liebe gemeistert werden.

Vielleicht kommt uns die Reise von der Kindheit zum Erwachsensein in der abgesteckten Umgebung unserer elterlichen Umzäunung lang vor. Auch ist es ein Abenteuer voller

Sackgassen und unbegrenzter Himmel. Der flüssige Pfad
unseres Blutes führt uns durch jeden Augenblick, den unsere Eltern erlebt haben, sowie durch die entsprechenden
Resultate, die sich auf unserer DNS festsetzen und unseren
eigenen Zellen Ähnlichkeit zuflüstern. Wir spielen das
Ganze nochmals durch und fragen uns dann, wer wir wohl
sind!

Ohne die tief greifende Unterstützung des Bewusstseins
werden wir schließlich eine ziemlich getreue Nachbildung
unserer Eltern. In unserer Jugend schützen uns der Drang
zur Rebellion und das Bedürfnis nach Selbstfindung, verbunden mit unseren körperlichen Energien, und führen uns
auf unseren eigenen Weg. Später, wenn wir schon etwas
gefestigt sind, kommen die feinstofflicheren Prägungen an
die Oberfläche und langjährige elterliche Spiegelungen treten
zutage. Die Seelenvereinbarungen, die uns zusammen-
brachten, werden über ihre Auswirkungen auf den Körper
sichtbar. Wenn wir älter werden, übernehmen wir die körperlichen Merkmale und Gesichtszüge unserer Eltern sowie
ihre weltanschaulichen und charakterlichen Eigenheiten in
immer stärkerem Maße.

Es ist wesentlich, dass unsere alten karmischen Muster
aufgelöst und nicht weitergeführt werden. Um sich von den
genetischen Fesseln zu befreien, müssen wir unsere Eltern als
unsere engsten Seelenfreunde erkennen. Schon vor der Geburt wissen wir, ob sie in unserem Leben anwesend sein werden und ob es eine schwierige Lektion wird. Unsere Eltern
wollen uns helfen, uns von den psychogenetischen Rück-
ständen zu befreien, die wir nun umwandeln und loslassen
können.

Unsere Eltern sind für uns das größte Geschenk, weil sie
uns das Leben schenken. Sie sind das Gefährt, das der Seele
die Möglichkeit bietet, sich auszudrücken. Manchmal tun sie

das »per Zufall«, ohne sich bewusst ein Kind zu wünschen. Manchmal entspricht es ihrer tiefsten Sehnsucht. Was immer die Absicht der Eltern sein mag, die Zeugung geschieht, weil die unergründbare Seele das unstillbare Verlangen hat, Form anzunehmen. Das Leben zwingt sich dem Urkörper auf und der erfüllt dessen Willen gerne, ohne Rücksicht auf die Folgen.

Diese göttlichen Unfälle geschehen nie zwischen Fremden; sie werden immer zwischen Seelenfreunden vereinbart, die bereit sind, jeweils die Rolle des Lehrers, Feindes oder Komplizen zu spielen, in einem endlosen Kreis von Geben und Nehmen. Hier, in der Beschränkung der Dreidimensionalität, fällt es uns manchmal schwer zu verstehen, wieso wir uns gegenseitig ausgesucht haben; dennoch ist es so. Die Wahl wurde immer auf Seelenebene und immer zu unserem Besten getroffen, auch wenn das Ganze manchmal eher wie eine Strafe oder Rache wirkt.

Es gibt nicht nur unerledigte Angelegenheiten zwischen uns, sondern wir tun uns gegenseitig Gefallen, indem wir verschiedene, manchmal abstoßende Rollen spielen, die sonst niemand spielen will. Besonders heute sind wir umgeben von psychologischem Geschwätz, das unsere Rechtfertigung stützen soll, wonach wir wegen der schrecklichen Belastung durch unsere Eltern unvollkommen sind – diese behaupten natürlich ihrerseits ebenso unerschütterlich, dass ihre Eltern schuld seien.

Unsere Kindheitserfahrungen unter unseren Eltern und anderen Personen sind kein Anlass, nicht ganz wir selbst zu sein. Es sind vielmehr geistige Lektionen, durch die wir wachsen wollen. Sie fordern uns heraus, auf unsere schwierigsten Dilemmata neue Antworten und Lösungen zu finden. Anderen die Schuld zu geben ist ein großes Wachstumshemmnis. Es ist viel besser, die Art des Geschenks zu betrachten, das uns durch all unsere Erfahrungen gegeben wird, besonders da unser Verhaftetsein Teil unserer DNS und somit unserer Zukunft wird.

Wir hängen uns nicht nur in diesem Leben an die Menschen, die wir Eltern nennen. Sie sind in vielen Leben unsere Liebhaber und Freunde gewesen. Obschon die Triade Mutter, Vater und Kind eine ausgewogene Konstellation darstellt, sind oft zwei der drei psychogenetisch verkettet und der dritte ist ein entfernteres Mitglied. Einer der beiden Elternteile hat vielleicht den Geist des Kindes herbeigerufen, um an einem Thema zu arbeiten, das speziell die beiden betrifft.

Seelenwesen schaffen oft eine Art ätherisches Netz oder Vorsubstanz, das sie an einen möglichen Elternteil bindet, mit dem sie bereits eine karmische Verbindung haben und der sich für die Lektionen dieses Lebens am besten eignet. Ich habe beobachtet, wie diese Energie nur um die Schultern des einen zukünftigen Elternteils herumschwebt, und gesehen, dass der verwandte Geist die gewählte Mutter oder den Vater längere Zeit begleitet, bevor es zur eigentlichen Empfängnis kommt. Das gilt gleichermaßen für Frauen wie Männer. Es bestehen immer starke Gelöbnisse oder Verträge aus früheren Leben, die zu dieser Situation führen. Es scheint auch keine Rolle zu spielen, ob der gewählte Elternteil die Partner wechselt. Sogar wenn es zum Schwangerschaftsabbruch kommt, scheint der Geist auf der Astralebene auf eine weitere Gelegenheit zu warten, um mit diesem Seelenpartner zu inkarnieren. Vielleicht geschieht das, weil der Elternteil unklare Botschaften aussendet, wie zum Beispiel: »Nicht jetzt, vielleicht später.«

Meine Freundin Lea Sanders, eine der großen Aurenmeisterinnen, sprach davon, wie Kinder jeweils auf dem »Strahl« der Mutter oder des Vaters hereinkamen. Damit meinte sie, dass zwischen dem Säugling und dem Elternteil eine gewisse

Resonanz herrschte, die auf gemeinsame emotionale oder geistige DNS zurückging. Sie hatten spezifische gemeinsame Schwingungen, die ihnen ermöglichten, sich gegenseitig zu verstehen, und gemeinsame Eigenschaften, die ihnen starke Ähnlichkeit verliehen.

Ein Kind, das sich aus bestimmten karmischen Gründen einen Elternteil gewählt hat, ähnelt diesem möglicherweise stärker als dem andern oder benimmt sich eher wie dieser. Es scheint, als ob die physische, emotionale und geistige DNS der beiden stärker untereinander verflochten und homogener wäre. Die Tiefe ihrer Beziehung spiegelt sich in ihrem Einssein auf allen Ebenen. Sie verhalten sich womöglich eher wie ein Paar, das seit ewigen Zeiten zusammen ist, als wie Vater bzw. Mutter und Kind. Das betrifft meistens Eltern und Kinder unterschiedlichen Geschlechts, obschon es auch zwischen Müttern und Töchtern oder Vätern und Söhnen geschehen kann. Auf geistiger Ebene begannen die harmonischen Energien lange vor diesem Leben und das Band zwischen den beiden ist für alle Beobachter offensichtlich, obschon die Ursache ohne das Bewusstsein um geistige Beziehungen nicht zu erklären ist.

Die Hitze des Blutes ist ein besonderes Band, das große Verwirrung stiften kann in Beziehungen, die einem vorgegebenen Rahmen, z. B. Vater und Kind, folgen sollen, dann aber ganz anders ablaufen. Ein Kind mag vielleicht die Rolle eines Elternteils von Mutter oder Vater übernehmen oder es verhält sich sogar wie ein Liebhaber. Ohne das Bewusstsein über den Hintergrund ihrer Beziehung können Eltern und Kinder unmöglich verstehen, weshalb sie einander diese Gefühle entgegenbringen bzw. diese Gefühle überhaupt wahrnehmen.

Eine Menge sexueller und emotionaler Schuldgefühle könnten losgelassen werden, wenn man verstehen würde,

dass Eltern und Kinder sich schon an vielen intimen Schau-
plätzen gekannt haben. Dieses geistige Wissen könnte
womöglich einen beachtlichen Teil des »Kindsmissbrauchs«
aus der Welt schaffen und dabei diese ungelösten physischen
und emotionalen Anlagen befreien, damit sie andere Wachs-
tumskanäle finden können.

Die Intimität zwischen einem Elternteil und einem bestimmten Kind scheint manchmal die anderen Familienmitglieder auszuschließen. Oft löst diese besondere Beziehung
im anderen Elternteil und den Geschwistern Eifersucht und
Verletzung aus. Allzu oft rivalisieren Mutter und Tochter um
die Zuneigung des Vaters, ohne zu verstehen, was tatsächlich
abläuft. Vater und Sohn befinden sich womöglich in einem
ähnlichen Wettstreit um die Aufmerksamkeit der Mutter.

Wie empfinden Sie in Bezug auf Ihre Mutter und auf
Ihren Vater? Die Verträge und Gelübde, die sie jedem individuell gegeben haben, bilden die Form Ihrer Beziehung und
diese kann unmöglich zu beiden gleich sein.

Bitten Sie Ihr Höheres Selbst, Ihnen einen Vertrag oder ein
Gelübde zu zeigen, die Sie mit einem Elternteil eingegangen
sind. Sie werden staunen. Wenn Sie Sitzungen machen, können Sie genau erkennen, weshalb und wie Sie diese Verträge
abgeschlossen haben. Sie können aus einem anderen Leben
herrühren, in dem Sie gelobten, nie loszulassen, wenn Ihnen
ein geliebter Mensch genommen würde. Oder vielleicht war
es ein Rachegelübde, es jemandem heimzuzahlen, der Sie
überwältigt hatte. Sie werden jene psychogenetischen Gespräche in dieses Leben herüberholen und sie dem Auftrag
Ihrer Seele entsprechend in ein neues Gleichgewicht bringen.

Als Kinder wissen wir intuitiv, was mit unseren Eltern los
ist, und wollen ihnen helfen. Wir sagen: »Lass mich das machen. Lass es mich für dich in Ordnung bringen.« Meistens

tun wir das über unsere Körper. Wir saugen negative Energien durch unser Sonnengeflecht im Bereich des Bauchnabels ein. Sie haben vielleicht dem Vater oder der Mutter versprochen, sich um sie zu kümmern, und tun das bereits von frühester Kindheit an.

Auch die Eltern empfinden eine Art vage Verpflichtung oder Vertrag mit ihren Kindern, sogar schon vor deren Geburt. Mütter erzählen, dass sie die Persönlichkeit des Kindes schon im Leib fühlen. Oft haben sie von Anfang an das Gefühl einer klar definierten Beziehung, die sich von anderen Schwangerschaften unterscheidet. Gewisse kleine Strampler sind von Anfang an ungestüm, während sich andere *in utero* sehr ruhig verhalten, ja sogar von der Mutter als sanft empfunden werden. Wenn wir erkennen könnten, dass ihre Beziehung schon von früher her besteht, könnten wir die subjektiven Reaktionen zwischen den beiden bereits ablaufen sehen.

Manchmal haben die beiden eine enge Verbindung und die Mutter hat das Gefühl, sie könne mit dem Fötus sprechen, als ob sie ihn schon lange kennen würde. Manchmal hat sie auch das seltsame Gefühl, es sei eine fremde Energie in ihrem Leib. Alle diese Empfindungen sind Teil der Beziehungskanäle, die uns zueinander hinziehen, aber auch des spezifischen Karmas zwischen der Mutter und jedem Kind.

Auch Väter haben eine besondere Verbindung zu jedem Kind. Die Energien, die zwischen ihnen fließen, während das Kind noch im Mutterleib ist, sind wahrhaft psychogenetisch. Aus den Tiefen des Blutes kommunizieren sie psychisch über genetische Pfade, die sie miteinander verbinden, auch wenn sie sich dessen vielleicht nicht bewusst sind.

Das Mysterium der Vererbung wird auf faszinierende Weise durchgespielt, wenn Eltern und Kinder sich nie körperlich gesehen haben. Wenn wir den Vater oder die Mutter noch nicht gesehen haben, scheinen wir tiefer in unsere psychische Matrix einzutauchen, um mit ihnen in Verbindung zu treten. Und irgendwie sind wir dann imstande, deren Einstellung und Eigenschaften noch viel getreuer darzustellen.

Viele Mütter haben mir anvertraut, dass es sie rasend macht, wenn sie ihr Kind, das nie mit seinem Vater zusammengelebt hat, dabei beobachten, wie es dessen typische Eigenschaften entwickelt. Dieser Spiegeleffekt ist derart beunruhigend für die Mutter, weil jene Eigenschaften die Quintessenz dessen sein mögen, was in ihrer Beziehung zum Vater falsch lief.

Wenn das Kind unbewusst vergangene emotionale Dramen der Mutter durchspielt, fürchtet diese, erneut zu verlieren. Ihre Reaktion darauf ist dann, den Kampf mit dem Kind zu wiederholen, das unmöglich verstehen kann, was seine Mutter so aufregt. Indem die Mutter ihre Gefühle für den Vater auf das Kind projiziert, lässt sie sich auf einen psychologischen Krieg ein. Sie legt dann des Kindes Taten und Absichten als die des Vaters aus. Wenn das Aussehen oder die Gesten des Kindes denen des Vaters ähneln, ist es für sie unbewusst ein Beweis, dass das Kind »auf seiner Seite« steht. Das Ergebnis ist ein Kind, das in dem Gefühl aufwächst, alles sei seine Schuld, ohne zu wissen, weshalb.

Verbale Attacken sind eine Versuchung, die vermieden werden muss, da sie auf alle destruktiv wirken. Obschon sich ein Elternteil vielleicht berechtigt fühlt, spiegelt das, was wir in unserem Leben geschaffen haben, unsere innere Wahl und es kann nicht richtig gestellt werden, indem wir zurückschlagen. Je mehr man äußerlich voneinander entfremdet ist, umso mehr wird das innere psychogenetische Band wachsen.

Da Eltern die absolute Autorität sind, wird man irgendwie so *werden*, wie sie sagen, dass wir *sind*. Ihre Beschreibungen werden zu einem gewissen Grad jene wiederholen, die sie

selbst als Kinder von ihren eigenen Eltern gehört haben, und
sie werden ihre Kinder so sehen, wie sie selbst gesehen wurden.

Halten Sie einen Augenblick inne und erinnern sie sich
daran, was Ihre Eltern Ihnen über *Sie* erzählt haben. Nann-
ten sie Sie dumm, unbeholfen, brillant, hübsch? Sie haben
vermutlich diese Beschreibungen übernommen und dafür
gesorgt, dass sie passen. Denken Sie an die Kraft dieser Eti-
ketten, daran, dass sie einen guten Teil Ihres Lebens mit dem
Versuch verbringen, einem Wort zu entsprechen – nicht etwa
weil dies Ihr Schicksal wäre, sondern weil es Sie zu dem
macht, was Ihre Eltern von Ihnen erwarten.

Wenn wir im Light Institute an der Klärung der Eltern
arbeiten, führen wir die Personen zurück zur bewussten
Wahrnehmung des Augenblicks vor der Zeugung. Sie sehen
hinunter auf ihre Eltern, die sie sich gewählt, haben, und
erkennen deren angeborene Eigenschaften. Der Sinn für
Humor, Temperament, körperliche Konstitution und geistige
Fähigkeiten, sie alle werden entsprechend unseren Bedürfnissen als bereits zusammengestellte Pakete ausgewählt.
Weshalb entscheiden wir uns gerade für die Dinge und nicht
für andere? Wie tun wir es? Es ist ein Vermächtnis, das mehrere Leben – unsere eigenen und die unserer Ahnen – umfasst
und die Stränge unserer DNS zum vollkommenen Ausdruck
des Zwecks unseres menschlichen Daseins verflicht. Welche
Ironie des Schicksals, dass wir tatsächlich unser eigenes Erbe
auswählen!

Die Gedankenformen und Gefühle unserer Eltern während der Zeugung sind für uns sehr eindrücklich. Es ist ein
kosmischer Augenblick, wenn das Spermium in das Ei ein-
dringt. Das Ei sendet einem ganz bestimmten Spermium
eine biochemische Einladung und dieses hat genau die genetische Kodierung, die das Ei für eine vollkommene Einswer-

dung wünscht. Ihre Fusion verankert ein neues Leben. Wie erkennt das Ei die Koordinaten des Spermiums? Da es nur ein einziges zu sich ruft, muss es bereits dessen Zweck kennen. Dies ist *bewusste Zeugung* und wir können noch nicht ergründen, was es über unsere holographischen Seelen aussagt. Im Augenblick der Zeugung wählen wir die Umrisse unserer Zukunft, das Labyrinth der freien Wahl.

Unsere Eltern nehmen vielleicht die Ekstase des Spermiums und des Eis nicht wahr und befinden sich womöglich in einer Welt der Trennung oder Verzweiflung. Was immer ihre Verfassung sein mag, die inneren Dialoge werden wortgetreu übernommen und in das psychogenetische Material des Fötus zementiert. Es ist beeindruckend zu hören, wie die Menschen die Gedankenformen beschreiben, die in ihren Eltern ablaufen, während sie mit dem Zeugungsakt beschäftigt sind.

Sexuelle Ängste und emotionale Zweisamkeit legen ihren Samen in die neuen Zellen und warten auf eine nicht allzu ferne Zukunft, in der sie durch Erfahrungen, die in ihnen ihren Ursprung haben, aufgerufen werden. Ohne es zu wissen, spielen wir jene Prägungen in unseren jetzigen Lebenserfahrungen erneut durch.

Was wir beobachten, wenn wir uns unsere Eltern ansehen, ermöglicht eine sofortige Verlagerung in unseren emotionalen Feldern. Indem wir uns auf ihre innersten Gefühle einstimmen, können wir die tiefere Wirklichkeit unseres Vaters und unserer Mutter in ihrer eigenen Ursuppe wahrnehmen. Wir beginnen zu erkennen, wer sie sind und wer sie nicht sind.

Allzu oft empfinden wir, dass wir unerwünscht waren oder das falsche Geschlecht haben, und durch diese Linse entdecken wir, dass unsere Schlussfolgerungen falsch waren. Vielleicht wollten unsere Eltern kein Kind, aber das ist etwas ganz anderes, als zu sagen, dass sie *uns* nicht wollten! Echte

Heilung kann geschehen, wenn wir diese prägenden Augenblicke wieder durchleben und das Leben aus der Perspektive der Eltern sehen.

Unsere unersättlichen Emotionalkörper wollen nie das Verlangen aufgeben. Die Sehnsucht und das Warten darauf, dass uns jemand das Leben schenkt, haben etwas geradezu Beglückendes an sich und das ist ja, was unsere Eltern getan haben. Doch wir konzentrieren uns stattdessen auf das, was wir *nicht* erhielten, statt darauf, wie geschickt wir doch waren, als wir diese Eltern wählten.

Die Geburt ist ebenfalls ein prägender Augenblick im psychogenetischen Prozess. Wir übernehmen nicht nur die emotionalen Eindrücke dessen, was unsere Mutter dabei erlebt, sondern erben auch ihre Schlussfolgerungen.

Am Light Institute helfen wir werdenden Eltern, den Geburtsablauf zu klären. Stell dir die Prägungen vor, die du von der Ahnenlinie der Frauen in deiner Familie und der deines Ehemannes erhalten hast, die widrige Gebärerfahrungen machten – nicht etwa, weil Schwierigkeiten normal wären, sondern weil ihrem Leib nicht gestattet wurde, den natürlichen Verlauf freudig zu erleben. Jede Schwierigkeit verstärkt sich, während sie über die genetischen Pfade weitergegeben wird, und die Chance einer friedlichen Geburt verringert wird auf Grund der Furcht, die uns von der Weisheit unseres Leibes trennt.

Es ist entscheidend, die geerbten Ängste und negativen Empfindungen in Bezug auf das Wunder der Geburt loszulassen, damit der Körper tun kann, was er hervorragend zu tun weiß, und das Gebären wieder zur geheiligten Einweihung der Seele wird.

Während der Schwangerschaft und der Geburt haben unsere Mütter viele Eindrücke erhalten und Reaktionen geschaffen, die wir von ihnen geerbt haben. Wenn die Mutter

wünschte, ihre Schwangerschaft dauerte ewig, oder wenn sie
Angst hatte loszulassen, setzen wir diese Energien sehr wahrscheinlich in unserer Lebensphilosophie um. Viele von uns
»halten sich daran fest«, als ob ihr Leben davon abhinge, ohne
zu wissen, weshalb sie so hartnäckig sind.

Jedes Mitglied der heiligen Triade kann die Geburt als
einen Trennungspunkt auslegen. Die Mutter trennt sich vom
Kind. Ich werde diese unauslöschliche Empfindung, als ob
ich im All verloren wäre, nie vergessen, als ich selbst die Nabelschnur meines fünften Kindes durchschnitt. Ich wollte es
selbst gebären und in die Welt bringen als Zeichen meiner
Liebe, aber dieses Gefühl des Verlustes hatte ich nicht erwartet. Es war, als ob ich ein Teil von mir weggeschnitten hätte,
das nie zurückkehren würde.

Das Kind wird von seiner warmen Gebärmutter getrennt
und in die Welt hinausgestoßen. Oft werden Väter von der
Geburt ausgeschlossen, wodurch sie von etwas getrennt werden, an dem sie so sehr hätten teilnehmen wollen.

Auf einer anderen Ebene treten wir gefangen in einem
Körper in die Welt ein und dieser trennt uns bald von unserer
Bewusstheit unseres göttlichen Selbst. Diese Amnesie ist nur
ein Mechanismus zum Übergang in eine konzentrierte Form,
er soll kein Verlust des Ursprungs sein. Unsere Eltern sind
die Träger dieses Übergangs, den wir selbst gewählt haben.

Haben Sie sich einmal genau überlegt, was es heißt, den
Leib von Ihren Eltern zu erben? Die »guten« und die
»schlechten« Gene sind nur ein winziger Teil des Dialogs.
Was die Eltern in Bezug auf ihre Körper empfinden, ist an Sie
weitergegeben worden, genauso wie die Anlage zur Körper-
größe und Konstitution. Ihre Ängste und Träume sowie das,
was man sie betreffend erfolgreicher Körper lehrte, ist unent-
wirrbar in Ihren psychogenetischen Bauplan eingearbeitet.
Durch Ihr Bewusstsein können Sie die positivsten Eigen-

schaften an die Menschen weitergeben, die Ihr Erbe übernehmen.

Manchmal lässt uns das Leben vergessen, wie perfekt wir
unsere Eltern gewählt haben. Sie bieten uns genau das, was
wir als die karmischen Lektionen bestimmt haben, die wir
für das Wachstum der Seele lernen müssen. Bei den Light-
Institute-Sitzungen bitten wir die Klienten, sich das Erbe anzusehen, das von jedem Elternteil beigesteuert wurde. Dies
führt zu einem überwältigenden Gefühl engster Verbindung,
an die wir uns vielleicht unter der Fessel emotionaler Konflikte nicht erinnert haben.

Durch die Familien-DNS-Sitzungen können wir eine sich
ständig weitende Palette des psychogenetischen Repertoires
entschlüsseln, das uns erkennen lässt, weshalb wir unsere Eltern und unsere Familie gewählt haben. Welche Verträge oder
Gelübde dem auch zugrunde liegen mögen, die DNS spiegelt
unsere Entscheidungen und die subtilen Schattierungen
emotionaler und geistiger Vorlieben flechten sich in das genetische Gewebe.

Auch wenn wir nur eine Ähnlichkeit in der Haarstruktur
oder der Mundform erkennen, enthalten diese physischen
Attribute doch auch die emotionalen und geistigen Energien,
die sich in Körperformen ausdrücken. Wenn es körperliche
Vorlieben gibt, stammen diese genauso aus den karmischen
emotionalen und geistigen DNS-Rückständen, die wir gemeinsam haben, wie aus den physischen Strukturen. Das
Blut-Chi ist ein Fluss, der zum Ursprung unseres Einsseins
zurückfließt. Über unsere Familie, unsere Kultur, unsere Artengruppe wiederholt das Blut die psychogenetischen Beziehungsmuster.

6. Kapitel

ADOPTIONSVERBINDUNGEN

Die Energien hinter der Adoption

Zwischen adoptierten Kindern und ihren Eltern spielen ganz besondere karmische Prinzipien eine Rolle. Das enge Liebesband, das sie miteinander verbindet, ist außerordentlich stark, da es aus den Umständen ihrer Vereinigung entstanden ist. Ein Paar sehnt sich so sehr danach, ein Kind in den Armen zu halten, dass es sich nicht um die ursprünglichen Blutsbande kümmert. Ich habe bewegende Herzensgeschichten gehört von Eltern, die ihr Kind aus einem tiefen Gefühl der Zusammengehörigkeit heraus wählten, ohne es gesehen zu haben.

Ein Kind, das weggegeben und mit dem psychischen Stigma der Adoption gebrandmarkt wird, lange bevor es die Bedeutung des Wortes verstehen kann, weiß, dass dies seine richtigen Eltern sind.

Da die Partner (Eltern und Kind) sich gegenseitig ausgesucht haben, muss das Kind nicht befürchten, es sei ungewollt gezeugt worden. Bei dem Adoptionsvorgang selbst findet eine sorgfältige Überprüfung statt, um sicherzugehen, dass das zu adoptierende Kind und die neue Familie gut zueinander passen. Obwohl das Kind an diesem Punkt vielleicht keine Möglichkeit hat, sich zu weigern, steuert die Kraft der Synchronizität die Umstände, so dass die zukünftigen Eltern zu diesem Kind geführt werden.

Zwischen den beiden Parteien besteht ein Gefühl der gegenseitigen Verpflichtung, als ob sie irgendwo im Innern spürten, dass sie diese Übereinkunft geplant haben. Auf geistiger Ebene haben sie sich ganz klar dafür entschieden, zusammenzukommen. Der psychogenetische Magnetismus zieht das heilige Dreieck (Mutter, Vater, Kind) in diese machtvolle Anordnung gegenseitiger Unterstützung.

Die Verbindung geht über den flüchtigen physischen Zufall hinaus. Es ist ein Vertrag zwischen Seelenfreunden, die bereits wissen, welche Geschenke sie einander machen wollen. Sie übernehmen ihre Rollen als Eltern bzw. Kind von einer viel höheren Warte aus, ohne dass das Blut-Chi die wahre Erkenntnis des Geschenks ihrer Beziehung vernebelt.

Die Seele verfolgt einen bestimmten Zweck, wenn sie ein Menschenwesen vom Netz der Familien-DNS befreit. Sogar die nicht blutsverwandten Geschwister unterstützen eine etwas freiere Beziehung, die über den erstickenden »Kleber« hinausgeht, der zwischen Blutsverwandten vorhanden ist.

Adoptionsverbindungen ermöglichen es uns, die subtile Wahrheit psychogenetischer Vererbung zu erkennen, weil sie dort beginnen, wo die physische DNS aufhört. Sie bieten einen starken Hinweis für die Existenz nichtkörperlicher Vererbung, die sich als umweltbezogen, emotional und geistig erweist. Diese geistige und emotionale Umweltvererbung fließt in die körperliche ein.

Es ist eine großartige Darbietung psychogenetischer Erbübertragung und deren Feinheiten, wenn Familien, die kein

Blut-Chi miteinander teilen, sich sehr ähnlich sehen und auf Grund ihrer gemeinsamen psychogenetischen Umgebung Eigenschaften voneinander übernehmen. Durch Nachahmung formt die emotionale und geistige DNS körperliche Attribute um, bis sie sich gleichen. So entwickelt das Kind ähnliche Eigenschaften, weil es eine unglaubliche Fähigkeit hat, die Gesten und Posen der umgebenden Familie zu imitieren.

Da ähnlich aussehende Menschen ein Gefühl der Zusammengehörigkeit ausstrahlen, werden Kinder zu großartigen Imitatoren. Sie kopieren die Körper der Eltern und ihrer Geschwister auch ohne die durch das Blut vorgegebenen Muster. Mit der Zeit verfestigt sich die Mimikry dann in der biochemischen Signatur, welche die DNS neu gestalten wird.

Es ist kaum zu glauben, dass ein Kind seine Körperform beeinflussen kann, indem es einfach die Mutter, den Vater oder ein Geschwisterteil nachahmt. Doch bestimmt haben Sie schon Leute gesehen, z. B. Ehepaare, die nach Jahren des Zusammenlebens einander immer ähnlicher werden. Das ist das gleiche Prinzip. Vielleicht begann es mit einer körperlichen Eigenheit oder Geste – wie der Vater die Augenbraue hebt oder wie die Mutter erstaunt die Augen aufsperrt –, die durch stetige Nachahmung schließlich eine ähnliche Form erhält. Das genannte Beispiel ist leicht nachvollziehbar, denn die Knochen der Augenhöhle, die die Größe der Augen beeinflussen, verändern sich leicht.

Das Gleiche gilt aber auch für den übrigen Körper. Wenn man eine bestimmte Haltung einnimmt, wird der Körper die entsprechende Muskulatur entwickeln, um diese Stellung beizubehalten. Körpermerkmale sind Symbole für das emotionale und psychische Repertoire. Wir gleichen uns alle sehr viel mehr, als wir uns vorstellen können.

Ich finde, dass nach kurzer Zeit auch Tiere ihrem Herr-
chen zu gleichen beginnen – oder umgekehrt. Sie gleichen
sich nicht nur, sondern sie übernehmen Persönlichkeits-
züge voneinander. Das leuchtet ein, wenn wir den psychogenetischen Raster erkennen, der emotionale Schwingungen mit den körperlichen und geistigen Frequenzen
verbindet, einschließlich der Evolutionskette aller Lebewesen.

Ein kleiner Junge bewundert vielleicht den breiten Brust-
korb seines Adoptivvaters. Er wird dieses Bild in seinem inneren Bezugssystem verankern und es sich zum Vorbild nehmen für sein Aussehen als Erwachsener. Das gespeicherte
Repertoire wird allmählich seine Biochemie beeinflussen, bis
die Gene und Chromosomen den Auftrag vernommen haben
und sich in DNS-Strängen organisieren, die genau diese
Wirkung hervorbringen.

Ein anderer kleiner Junge blickt vielleicht an seinem leiblichen Vater hoch und spürt, dass er nie wie er sein wird. Der
Vater schilt ihn möglicherweise, er solle männlicher sein. Sein
Gefühl des Versagens, weil er nicht den Erwartungen seines
Vaters entspricht, lassen seine Brust wörtlich in sich zusam-
menfallen und so sieht er seiner biologischen Schablone
keineswegs ähnlich.

Bei Sitzungen am Light Institute über die Familien-DNS
haben adoptierte Menschen kein Problem damit gehabt, körperliche Züge zu nennen, die sie von ihren Adoptivverwand-
ten geerbt haben. Sie haben mir Fotos gezeigt, die diese Ähnlichkeiten belegen.

Ich habe auch Ähnlichkeiten in den Gesichtszügen adop-
tierter Kinder untersucht, die sogar einer anderen Rassen als
ihre Adoptiveltern angehören, und trotzdem gleichen sie sich
stark. Eine mir bekannte Familie hat vier Kinder von verschiedenen Rassen adoptiert, und jedes von ihnen hat Ge-

sichtszüge, die fast identische Kopien des Vaters oder der Mutter sind.

Es könnte sein, dass die Eltern sich zu einem Adoptivkind jener Rasse hingezogen fühlten, weil sie dieser selbst in einem anderen Leben angehörten oder mit jemandem aus ihr eine positive Beziehung erlebten. Es ist möglich, dass sie verschiedene kennzeichnende Merkmale jener Menschengruppe in dieses Leben herübergebracht haben.

Es fasziniert mich ganz besonders, wenn ich ein Merkmal einer bestimmten Zivilisation entdecke, die unser globales Erbgut geprägt hat und die dann bei individuellen Körperformen wieder auftaucht. Ein Beispiel ist meine fliehende Stirn von den Atlantiden, die an die Ägypter weitergegeben wurde und dann an die Maya. Meine kurzen Waden und schmalen Schultern sind asiatisch und wahrscheinlich galaktischen Ursprungs. Meine hohen Wangenknochen spiegeln mein Algonquin-Erbe wider, meine blauen Augen sind dagegen nordisch. Je mehr wir über Völkerwanderungen und die spezifischen Rassenmerkmale und -ursprünge lernen, desto klarer nehmen wir die Geschichte unserer Ahnen und Prägungen aus verschiedenen Leben auf unserer Mutter Erde wahr.

Je erleuchteter wir werden, umso leichter wird es uns fallen, das Geschenk in den Situationen unseres Lebens zu erkennen, die nicht rückgängig gemacht werden können. Wenn wir uns die Zeugung ansehen und erkennen, dass eine Gruppe von Seelenfreunden die Blutschablonen liefert und eine andere Gruppe Liebe und eine geeignete Umgebung für Wachstum anbietet, werden wir alles als ganz natürlich und gut empfinden. Da alle Beteiligten miteinander über unzählige Inkarnationen der Seele verwandt sind, braucht keine Verwirrung oder Verlassenheit mehr zu herrschen. Ein Großteil des Leids im Zusammenhang mit Adoption ergibt sich,

weil wir in einem Schattenland gefangen sind und den Zweck
der Seele nicht erkennen.

Wir haben das körperliche Dasein kollektiv als Strafe und
Trennung interpretiert. Es ist ein Universalthema der
Menschheit, da wir glauben, das Stigma der Trennung ver-
folge uns bei jeder Erfahrung, die wir machen. Bei der Geburt werden wir vom Blutstrom abgeschnitten, der uns
nährt, sowie von der Geborgenheit der Gebärmutter, die uns
das Gefühl gab, wir seien Teil des Ganzen. Die Trennung bei
der Geburt wird schmerzhaft empfunden auf Grund der
Amnesie der Seele, egal ob es sich um die leibliche oder die
Adoptivmutter handelt. Die allermeisten von uns reagieren
aus einem Abgrund der Verwirrung und Unsicherheit, der
unsere ersten Augenblicke im Leben verdunkelt.

Im Falle einer Adoption wird aus der Ungewissheit
unweigerlich eine tief sitzende Unsicherheit, die gegen die
Eingebungen des Emotionalkörpers ankämpft, dass man unvollkommen, schuldig oder unwürdig sei. Wir können »verstehen«, wie es dazu gekommen ist, aber nicht, weshalb es
ausgerechnet uns getroffen hat.

Die Antworten auf derart tief gehende Fragen sind noch
viel komplexer, weil sie in den geistigen Winkeln unserer
Seelenwahl ihren Ursprung haben. Wenn wir das Trauma einer derartig unbegreiflichen Tat überwinden und akzeptieren
könnten, dass diese Ersatzeltern tatsächlich das Ziel unserer
programmierten Familienmatrix sind, könnte die Adoption
als die großartige Liebesgeschichte verstanden werden, die
sie tatsächlich ist. Es besteht eine sehr sanfte Achtung und
Wertschätzung zwischen den Seelenfreunden, die sich auf
diese Weise gefunden haben. Weshalb lehrt man uns, uns auf
das Drama des Nichterwünschtseins zu konzentrieren, statt
auf das Geschenk, Energien von zwei Paar Seelenfreunden
zu empfangen, die uns ihr Bestes geben?

Die Gesellschaft als Ganzes projiziert ihr kollektives Trennungstrauma auf die Adoption, mit all den Urteilen über zulässiges Verhalten und »gute Mütter«. Wenn wir die Adoption aus der Klarheit des geistigen Auftrags heraus sehen wollten, würde ihr kein Stigma anhaften und die negative Wirkung wäre minimal.

Wie vielen jungen Mädchen hat man geraten, ihre Kinder zur Adoption freizugeben, meistens mit der Argumentation, sie könnten ihnen sicher keine guten Mütter sein und die Adoption sei für das Baby das Beste? Schließlich muss die junge Frau ihr eigenes instinktives Wissen verleugnen und ihr Potential an die Behörden abgeben, die ihr später deswegen Vorwürfe machen. Wenn wir uns selbst nicht vertrauen, bleibt immer ein unbehagliches Gefühl der Unsicherheit und Minderwertigkeit.

Die Unsicherheit aller Beteiligten verstärkt sich beträchtlich auf Grund der Schichten des Schweigens, das über die Tatsache der Adoption gebreitet wird. Adoptiveltern fürchten sich manchmal davor, ihren Kindern die Wahrheit zu sagen, weil sie vernunftgemäß behaupten, es werde schmerzhaft sein. Dem liegt die Angst zugrunde, dass das Kind sie zurückweisen und versuchen würde, zu seinen leiblichen Eltern zurückzukehren.

Dieses Szenario ist nicht sehr wahrscheinlich, da die Kinder den Menschen gegenüber, die als Eltern für sie sorgen, zutiefst loyal sind – blutsverwandt oder nicht blutsverwandt. Wenn die Eltern die karmische Vollkommenheit der Beziehung zu ihren Adoptivkindern von der geistigen Perspektive aus verstünden, würden sie erkennen, dass sie nichts zu befürchten haben. Die Angst beider Parteien, zurückgewiesen zu werden, wird das ganze Leben lang immer wieder durchgespielt.

Wenn nie über die biologischen Eltern gesprochen wird,

können Adoptivkinder von den Phantasien über ihre »wahren« Eltern besessen werden. Es ist verständlich und dem Menschen angeboren, dass man diejenigen kennen lernen möchte, die unser Fleisch geschaffen haben. Das muss nicht als mangelnde Dankbarkeit oder Liebe den Adoptiveltern gegenüber gesehen werden. Im Gegenteil ist es für Letztere dringend notwendig zu erkennen, dass es nichts mit ihnen zu tun hat.

Adoptionsbeziehungen beinhalten viel weniger Karma als solche, die auf gemeinsamer physischer DNS beruhen. Doch die Themen der Unsicherheit, die sowohl Eltern wie Kinder quälen, werden hin- und zurückgespiegelt. Die Adoptiveltern müssen mit tiefen Urzweifeln kämpfen, weil sie nicht imstande sind, selbst zu zeugen, während das adoptierte Kind die Verwirrung spüren wird in den Botschaften, die es erhält. Sie enthalten subtile psychische Modulationen, die dem Kind ein vages Gefühl der eigenen Fremdheit vermitteln.

Die psychogenetischen Kanäle zwischen uns können nicht allein durch Abwesenheit unterbrochen werden. So hat das Kind zum Beispiel immer Zugang zu den Gedanken oder Empfindungen der leiblichen Eltern, unabhängig davon, ob es diese jemals trifft oder nicht. Der Schatten der von der Mutter empfundenen Scham oder Schuld wird auch vom Kind auf seelischer Ebene empfunden, wobei es aber nicht weiß, dass diese negativen Energien jemand anderem gehören. Das Adoptivkind trägt oft ein Gefühl vager Schuld in sich, als ob in der nicht erinnerten Vergangenheit eine schändliche Tat begangen worden wäre. Dies ist das Resultat der Gefühle und Gedankenformen, die über den genetischen Code einfließen, nicht die absolute Wahrheit. Durch psychogenetische Klärung und Emotionaltraining können wir lernen, über diese falsch geleiteten Energien hinauszugehen und zu erkennen, wer wir wirklich sind.

Mit dem Entfalten der unsichtbaren Welten werden alle Menschen ein Gefühl der Zusammengehörigkeit entwickeln, das sie zu einer noch größeren Familie verbindet als die Bande des Blutes oder der Umgebung, die wir jetzt erkennen.

7. Kapitel

GROSSELTERN
Das geistige Chi

Die meisten von uns lieben ihre Großeltern und fühlen sich von ihnen geliebt. Während wir uns als von unseren Eltern beurteilt, gestraft oder missachtet wahrnehmen, ordnen wir derartige negative Energien fast nie unseren Großeltern zu. Es ist ein grundlegendes Gesellschaftskonzept, dass Großeltern bedingungslose Liebe schenken und man darauf bauen kann, dass sie uns anhimmeln und innerhalb der Familie immer zu unseren Gunsten sprechen. Die meisten von uns haben wenigstens einmal im Leben eine Situation genossen, in der ihre Großeltern sie verteidigten oder gegen ihre Eltern Partei ergriffen. Allein die Tatsache, dass jemand Macht über unsere Eltern hat, erfüllt uns mit Ehrfurcht, wenigstens in bestimmten Altersphasen.

Wir bewundern unsere Großeltern wegen ihrer Freiheit und Macht über die Beschränkungen anderer sowie ihrer Fähigkeit, sich von den unwichtigen Kleinigkeiten zu lösen, die das Leben so mühsam machen. Wir lieben sie, weil sie

uns zuhören und sogar von Zeit zu Zeit an unserer Welt teilnehmen.

Die Jungen und die Alten begeben sich leicht in »Traum-
zeiten«, da sie der Anziehungskraft unsichtbarer Welten gegenüber sensibler sind. Für die Großeltern ist es vielleicht
eine Erinnerung, die durch irgendwelche Assoziationen ausgelöst wurde und sie eine Geschichte aus der Vergangenheit
erneut erleben lässt. Ältere Leute können sich ganz genau an
ein Ereignis vor vierzig Jahren erinnern, aber nicht daran, ob
sie am Morgen ihre Vitamine genommen haben. Die Erinnerung ist durch die Geräusche, Gerüche und Bilder, welche
die Sinne überfluten und das Leben nochmals abspielen lassen, an die zeitlose astrale Dimension gebunden.

Andererseits haben die Großeltern vielleicht schon den
langen Weg der Verschmelzung mit der Seite hinter dem
Schleier begonnen. Wenn die Großmutter sich von der
Außenwelt abschaltet, fällt es ihr leichter, in die Energien zu
gleiten, die sie nach Hause bringen, in ein anderes Leben ohne Körper. Sowohl das Kind als auch der alte Mensch sind
nicht weit von diesen anderen Welten entfernt und können so
die Energien erkennen, die von den übrigen Familienmitgliedern nicht bewusst wahrgenommen werden. Die kosmischen
Ströme erfassen sie und geben den Impuls, der sie in Welten
entführt, die wir schon ganz vergessen oder ins Reich der
Phantasie verbannt haben.

Während die Großeltern sich schon in ihrem Lebens-
abend und wir uns noch im Frühling unseres Lebens befan-
den, hatten wir beide viele »Innenwelt«-Erlebnisse und -Ge-
heimnisse. Da wir sie nicht mit unseren geschäftigen Eltern,
die uns so vieles bestätigten, erörtern konnten, sind sie zu va-
gen Schatten einer Kindheit geworden, an die wir uns nicht
erinnern.

Kinder schweben mühelos aus dem Körper oder durch

den Astralschleier dank ihres fließenden Bewusstseins, das mit Begeisterung jedem Zwinkern der Wesen folgt, die aus dem Jenseits winken. Großeltern und Enkel sind hypnotisiert von der Schönheit der Traumwelten, die ihren Raum einnehmen und einen Puffer gegen die hektische Außenwelt bilden. Sie sind am besten auf die niedrigeren Alphafrequenzen des Gehirns eingestimmt, die eine schöpferische, tiefere Bewusstheit ermöglichen.

Da das Blut-Chi der Großeltern einen Schritt weiter von der unmittelbaren Generation der Eltern entfernt ist, verringert sich auch die emotionale Einmischung stark. Der Großvater ist eher bereit, sich am Kind, so wie es ist, zu freuen, und kann so die wunderbare Energie des *geistigen Chi* weitergeben.

Vielleicht haben die Großeltern es satt, ihre eigenen Kinder immer wieder leise anzustoßen, damit sie tun, was ihrer Meinung nach gut und richtig ist. Sie interessieren sich nicht mehr so sehr für die Gesellschaftsregeln, da sie gelernt haben, dass das ganze Aufhebens am Ende gar nicht so wichtig ist. Sie sind unendlich geduldig, tolerant und schenken ihren Enkeln verschwenderisch all die Liebe, die sie ihren eigenen Kindern nicht schenken konnten.

Manchmal lernt ein Großvater oder eine Großmutter sogar vom Enkelkind, wie man liebt, da dieses ihm hilft, die Liebe zurück zu seinen Eltern zu führen, die jetzt mitten im Thema Familienbeziehung stecken – als Kind der Großeltern, Elternteil des Enkels. Hier ist intensives Karma am Wirken, bei dem die beiden Pole die Mitte benutzen, um an ihrem eigenen Selbstgefühl zu arbeiten.

Die geistige DNS umfasst die ineinander greifende physische und emotionale DNS und wird zum Punkt größter Nähe zum Erbe des Enkelkinds. Auf Grund ihres Wesens erlaubt sie den Kontakt mit kosmischen Energien und mit dem nahezu unendlichen Fluss geistiger Erfahrungen, die über das Ahnen-Chi weitergegeben werden.

Ob es jemals erwähnt oder angedeutet wird oder nicht, die Großeltern tragen den Angelpunkt der geistigen Dimensionen in sich und gestatten so dem Enkel den Zugang durch die geistige DNS, die es von den »Ältesten« erhalten hat. Es geht nicht darum, was die Großeltern auf bewusster Ebene im Alltag tun, es ist das Träumen und Schlafen, bei dem sie durch den Schleier hindurch- und wieder zurückkreisen. Und das lehrt den Enkel, ebenfalls über die Schwelle zu gehen und die Erfahrungen zu machen.

Vielleicht denken Sie jetzt an Ihre Großeltern, die möglicherweise nicht sehr geistig im traditionellen Sinn zu sein scheinen. Es liegt eine gewisse kosmische Ironie in der Tatsache, dass der Großvater flucht und lästert, »Gott« herausfordert oder alles andere als ein spirituelles Leben führt, und dass dies gar keine Rolle spielt! Ein mürrischer, rücksichtsloser Großvater kann womöglich dank seines spirituellen Chi ein mächtiges geistiges Erbe an Sie weitergeben. Das hat nichts zu tun mit seiner Entscheidung, in seinem eigenen Leben diese andere Energie auszuleben. Es mag ihm selbst nicht bewusst sein und er mag auch nicht an spirituellen Gesprächen interessiert sein, und doch ist er die Quelle des göttlichen Flusses in Ihrem Körper.

Die meisten Leute verwechseln Spiritualität mit Religion. Wir messen die Spiritualität eines Menschen daran, ob er zur Kirche geht oder den Eindruck erweckt, er täte Gutes, wie es sich für ein gottesfürchtiges Leben gehört, statt danach, ob er die Strahlung des »Seins« in sich trägt. Weltweit haben Religionen versucht, die Idee auszurotten, dass ein Mensch direkt mit Gott in Verbindung stehen könnte, ohne einen Priester oder ein Ritual als Vermittler zu brauchen.

Geistige Erlebnisse gelten nur als echt, wenn sie innerhalb

der Grenzen der Religion geschehen. Dies hat unglaubliche spirituelle Unsicherheit verursacht. Wir glauben, unsere Bemühungen um spirituellen Ausdruck seien notgedrungen unwürdig und zu belanglos, um real zu sein. Aber spirituelle Erfahrungen sind naturgemäß persönlich und ihre Gültigkeit muss nur vom eigenen Selbst bestätigt werden. Die Außenwelt kann sie nicht beurteilen. Jedes Flackern, das uns in den Sinn kommt und uns an unsere Göttlichkeit erinnert, ist ein kostbarer Lichtstrahl, der die Wahrheit unserer Seele aufleuchten lässt.

Im Westen scheinen wir die Natur als Teil unseres angeborenen spirituellen Erbgutes abgetrennt zu haben, obschon ihr Wert von allen indigenen Völkern gelehrt wurde. Wir haben das erhebende Gefühl vergessen, das beim Betrachten einer schönen Blume oder des Vogelflugs in uns aufkommt, oder das Empfinden, wir seien Teil der erhabenen Natur. Die Natur öffnet uns für andere Welten, die den Geist zur Ruhe bringen und unserem begrenzten Leben die Antworten zuflüstern.

Glücklicherweise beginnen sich die Dinge zu wandeln und wir erkennen, dass geistige Energien tief aus unserem Innern kommen, unabhängig von Form und Dogma. Wir erben unsere Vorliebe für sie genauso, wie wir unser Temperament oder die Haarfarbe erben. So blicken wir vielleicht auf unser Leben zurück, ohne eine besondere Erfahrung oder Erkenntnis wahrzunehmen, die uns Spiritualität als wichtig erscheinen lässt. Trotzdem formen geistige Strömungen unser Dasein, weil die Gesetze des Karma uns zu den Lektionen hinführen, welche die Seele nähren.

Jede Inkarnation der Seele bringt ihren eigenen Plan in Bezug auf die Themen und Lehren, die in diesem Leben vorherrschen werden. Es ist die göttliche Seele, die Fleisch wird, nicht ein zufälliger Mensch. Wir können nicht inkarnieren ohne den Auftrag der Seele. Unsere Seelen sind von geistiger DNS genauso durchwoben wie von den übrigen DNS-Komponenten.

Wir nehmen unsere Verwandten derart eingeschränkt wahr, dass wir selten etwas über ihr inneres oder geistiges Leben wissen. Weil sie nicht davon sprechen, nehmen wir an, es sei für sie oder für uns unwichtig.

Insbesondere Großeltern werden kaum nach ihrer inneren Weisheit gefragt, stattdessen beschränkt sich das Gespräch meist auf ihre Gesundheit oder belangloses Geplauder. Wir sehen sie im Lichte der spezifischen Rollen, die sie innerhalb des Familienbauplans spielen und können uns nicht vorstellen, dass sie eigentlich jemand ganz anderer sind. Sie selbst fürchten womöglich, sich lächerlich zu machen, wenn sie ihre tiefsten und geheimnisvollsten Erfahrungen offen legen.

In den vergangenen zwanzig Jahren haben wir unsere Lebensspanne verlängert und es ist leider üblich geworden, die ältere Generation in Institutionen unterzubringen, die sich speziell um sie kümmern. Die Botschaft ist offensichtlich, dass sie innerhalb der Familie oder der Gesellschaft keinen Stellenwert mehr haben.

Es ist tragisch, dass wir den Reichtum eines Lebens, die Weisheit der Erfahrung verschwenden, weil wir die Aufgabe nicht ertragen können, für einen geschwächten Körper zu sorgen. Es ist verständlich, dass die Alzheimerkrankheit in der alten Generation so verbreitet ist. Da wir die Erinnerungen oder Gedanken der Alten nicht hören wollen, hören sie auf, sie zu haben. Die Umweltursachen dieser Degenerationskrankheiten sind nicht nur die Verschmutzung unserer Nahrungsmittel und der äußeren Welt, sondern auch die Gifte in unserer inneren Welt.

Es ist interessant, den Zusammenhang zwischen dieser

Wirklichkeit, in der die älteren Menschen aus ihrer Ehrenstellung hinausgedrängt werden, und den Stimmen der Jungen, die vor Angst aufschreien, dass wir ihnen in unserer Welt keinen Raum zum SEIN gewähren, zu beobachten. Unser Ausbildungsprozess hat sich so ausgedehnt, dass viele junge Leute meinen, einer so komplexen Welt nichts mehr bieten zu können. Das Leben ist für die scheinbar Machtlosen zu groß und zu kompliziert geworden. Der Ausweg sind oft Drogen, die unsere Kinder aus einer unpersönlichen in eine Welt führen, in der es noch Magie gibt.

Auf Grund der feinstofflichen, doch machtvollen Kanäle, die Energien über das Ahnen-Chi und die geistige DNS übertragen, erben die jüngeren Generationen Gedankenformen der Bestürzung und Zurückweisung von ihren Großeltern. Diese wären entsetzt, wenn sie wüssten, dass sie derartige Negativität weitergeben. So viele alte Menschen haben das Gefühl, dass sie nur noch auf ihr Lebensende warten, ohne Zweck und Sinn, und ohne etwas, das sie tun oder geben könnten. Ihre missliche Lage hallt in den Worten der jungen Leute wider: »Ich langweile mich. Ich habe nichts zu tun!«

Distanz, Tod, sogar die Zeit haben keine Macht über psychogenetische Kanäle. Die einzige Möglichkeit, die Jungen vor solchen versteckten Energien zu schützen, die in ihre Psyche durchsickern, ist die bewusste Klärung des Erbes. Es ist uns nie in den Sinn gekommen, dass wir – fast gleichzeitig – Energien von anderen erben könnten, ohne im Geiste zugestimmt zu haben, aber wir können es tatsächlich.

In den meisten Fällen scheinen die Großeltern zu weit entfernt zu sein, um in Betracht zu ziehen, dass wir ihre Wirklichkeit erneut durchspielen könnten, insbesondere da wir – in egal welcher Distanz – so wenig über das wissen, was in ihnen vorgeht. Wir glauben nur, es zu wissen. Es ist eindrucksvoll, sich vorzustellen, dass etwas, was wir als unsere eigenen Emotionen oder Schlussfolgerungen wahrnehmen, tatsächlich von unseren Großeltern sein könnte.

Überlege einen Augenblick lang, was du von deinen Großeltern weißt. Stehen sie dem Leben pessimistisch, zynisch oder enthusiastisch gegenüber? Höchstwahrscheinlich weißt du sehr wenig, da die älteren Generationen nicht mit ihren Kindern oder sonst jemandem über ihre Innenwelt zu sprechen pflegten. Ihre Gesellschaft gab ihnen genaue Verhaltensregeln für Männer und Frauen. Äußerlich haben sie sich vielleicht nie davon befreit, doch was sie innerlich, und insbesondere in Bezug auf tiefere Welten, wissen oder empfinden, darüber können wir nur spekulieren.

Durch ihr geistiges Chi haben die Großeltern Ihnen ihre inneren Schlussfolgerungen und Erfahrungen übermittelt. Ihre intuitiven Fähigkeiten können Ihnen helfen, Zugang zu den Gemeinsamkeiten zwischen Ihnen und Ihren Großeltern zu finden. Auch wenn Sie Ihre Großeltern vielleicht nie gekannt haben oder wenn sie bereits gestorben sind, unterhalten Sie möglicherweise psychogenetisch immer noch Gespräche mit ihnen, die Ihr Leben beeinflussen. Es wäre sehr nützlich, mehr über das Leben der Großeltern zu erfahren. Es ist, als suchte man nach den unsichtbaren Fäden, die einen an ihre Erfahrungen binden. Sie sind vorhanden!

Meine Großmütter entzogen sich dieser Welt relativ früh, so dass meine Großväter sich allein Gedanken über den Sinn des Lebens machten. Ich fand immer, dass meine beiden Großväter ziemlich zornig und aufbrausend waren, insbesondere gegen ihr Lebensende hin. Wenn ich die Situation von meinem jetzigen Bewusstsein aus ansehe, erkenne ich, dass ich ebenfalls ruhelos und reizbar war. Ich versuchte zu schreiben, aber ich konnte keine Worte finden für das, was in mir war.

Bis dahin hatte ich nicht erkannt, dass hier ein Zusammenhang besteht. Ich sage nicht, dass es der Fehler meiner Großväter war, dass ich so aufbrauste, ebenso wenig, dass es nur ihre negative Energie war. Ich will sagen, dass ich aus der Tiefe heraus unsere gemeinsame Frustration ausdrückte über Dinge in uns, die unseren geistigen Erfahrungen entsprangen, die wir aber nicht loslassen oder umwandeln konnten.

Meine beiden Großväter waren brillante Philosophen, deren Leben nicht nach ihrer Idealvorstellung verlief. In der entsprechenden Periode suchte ich Antworten auf ähnliche Fragen. Niemand in unserer Familie war sich der Gedanken meiner Großväter bewusst, und erst als mein Großvater väterlicherseits starb, fanden wir in seinem Keller Unmengen von Büchern über Themen wie Hypnose und Reinkarnation versteckt.

Er war seiner Zeit voraus und als Geistesarbeiter war er gefangen im Instrumentarium der zynischen Wissenschaft. Wer hätte das gedacht? Ich erkannte, dass ich das eigentlich schon immer gewusst hatte. Ich hatte nur nicht gewusst, was es bedeutete und wie ich mich auf jener Ebene zu ihm gesellen konnte. Als ich mich an ein paar Gespräche erinnerte, die wir miteinander geführt hatten, wurde mir klar, dass er mehr als einmal auf sein Gewahrsein anderer Welten angespielt hatte.

Mein Großvater mütterlicherseits gehörte einer Geheimgesellschaft an, die sich tatsächlich mit Hypnose und Reinkarnation befasste, doch gab er das nie öffentlich zu. Er war derart engstirnig und eigensinnig, dass niemand gedacht hätte, er habe derartig hochfliegende Ideen – doch ich weiß, dass dem so war. Wie sehr wünschte ich, er hätte mit mir über seine Kenntnisse gesprochen! Nun sehe ich, dass ich einen ähnlichen Weg beschritten habe. Es wäre für mich so tröstlich gewesen, zu wissen, dass jemand in meiner Familie verstand, wonach ich suchte. Er hatte mit mir zwar über die großen Zivilisationen von Ägypten und Syrien gesprochen, doch ich erkannte nicht, was er damit eigentlich sagen wollte.

Deine Großeltern sind die Gipfelpunkte deiner Familie. Als solche belegen sie einen Platz der Weisheit und der Wahl. Es geht nicht so sehr um das, was sie getan haben, sondern was sie aus dem Erlebnis der Ursache und Wirkung ihrer Entscheidungen gelernt haben. Weil sie so viele Herausforderungen durchlebt haben, haben sie viel zu bieten, auch wenn ihre Erfahrungen aus einer anderen Zeit stammen. Sie sind der Nutznießer ihrer Erfahrungen, und durch was immer sie sich durchgearbeitet haben, wird das, was an deine Kinder weitergegeben wird, mildern.

Ich frage die Menschen gerne nach phantastischen Fähigkeiten ihrer Großeltern. Oft sind es besonders machtvolle und eigenartige Aspekte. Sie reichen von großem künstlerischem Talent bis zu Erfindungen oder Heilerbegabungen. Es ist faszinierend zu beobachten, dass die einzigartigen Gaben und Fähigkeiten, die eine Person mit ins Leben bringt, selten bei ihren Kindern zu erkennen sind, dass sie aber bei den Enkeln wieder auftauchen.

Wir könnten spekulieren, dass die Kinder auf einer bestimmten Ebene beschließen, sie nicht zu übernehmen, weil sie das Bedürfnis haben, etwas Eigenes zu finden. Das könnte ein weiser genetischer Prozess sein, der sicherstellt, dass in jeder Generation neue, bessere Adaptionen eingeführt werden. Emotionaler Widerstand verschwendet aber auch Potential, einfach weil ein rebellisches Ego es so will. Wenn die Eigenschaft im Enkelkind wieder auftaucht, bringt die Tragzeit eines Zyklus sie mit einer neuen Facette hervor, die zu den dann herrschenden Bedingungen passt.

Es scheint, als ob unsere Vorfahren unser Leben über ein geerbtes Talent immer noch beeinflussen oder uns ihren Segen zukommen lassen. Die Familienmitglieder bringen diese Vorlieben mit ihren Lieben in Zusammenhang und fühlen deshalb eine gewisse Nähe zu ihnen. Wenn ein Enkel ein bestimmtes Talent zeigt, wird er ermutigt, es zu entwickeln, und die Familie wird ihn mit dem Vermächtnis des Großvaters prägen.

Ein besonders fesselndes Phänomen ist der Fall eines Enkelkindes, das seine Großeltern nie gesehen hat und dennoch die gleichen Gesten ausführt und von klein auf genau den gleichen Geschmack und die gleichen Persönlichkeitsmerkmale aufweist. Viele Familien sagen im Vertrauen, sie seien sicher, die Großmutter sei als die Enkelin wiedergeboren worden.

Aus geistiger Perspektive ist die Idee, dass Vater oder Mutter als ihr eigenes Enkelkind wiedergeboren werden könnte, absolut einleuchtend. Die Elternseele hat bestimmte Themen erlebt, um zu wachsen, und vielleicht sind diese Themen am Ende des Lebens nicht genügend abgearbeitet. Oft legen Menschen beim Tode eines geliebten Angehörigen emotionale Gelübde ab wie zum Beispiel: »Ich lasse dich nicht gehen!«

Der Gestorbene geht ein in die Astralebene und verweilt dort, bis etwas in Bezug auf das Gelübde geschehen kann. Wenn sich die Gelegenheit zur Wiedergeburt ergibt, wird ihr Geist von ihren eigenen erwachsenen Kindern magnetisch angezogen. Durch diese spirituellen Verträge kann es geschehen, dass eine Mutter oder ein Vater als Kind ihres Kindes geboren werden, damit weitergeführt werden kann, was nur begonnen wurde.

Wenn eine Familie ein Kind in diesem Licht sieht, werden angeborene Ähnlichkeiten verstärkt und die psychogenetischen Kanäle betont, die wieder eine neue Version des Großvaters aufbauen. Vielleicht ist unwichtig, ob es sich um eine tatsächliche Reinkarnation des Großvaters handelt oder nicht. Der entscheidende Punkt ist, wie die Beziehungen sich wiederholen oder entwickeln. Dass wir durch unsere Nachkommen weiterleben, ist sicher!

Jenseits des Erbes unserer Großeltern liegt ein Weg zurück durch das Ahnen-Chi zum Ozean energetischen Materials, der die Quelle für Tausende von Leben ist. Von all diesen Leben ist eine fast unendliche Ansammlung von Eigenschaften und Gaben zusammengekommen, auf die wir zurückgreifen können, um unser Leben zu bereichern.

Es ist ein atemberaubendes Abenteuer, Zugang zu jenen Leben zu finden. Sich vorzustellen, dass jedes dieser Leben ein Strom von Seeleninkarnationen sein könnte, die mit Ihnen verbunden sind, ist vielleicht unvorstellbar und dennoch irgendwie vorausgesetzt. Ihre Großeltern sind ein Fenster zu einer früheren Welt, einer anderen Lebenserfahrung. Können Sie sich Leben vorstellen, die Sie mit ihnen verbracht haben, und die Sie in diesem hier zusammengebracht haben? Sie haben fast immer eine bestimmte spirituelle Energie und die aufkommenden Themen sind meist weit gefasst, wie bedeutende Lehren, die an einen gerichtet sind. Manchmal hat das Thema mit der Angst, Spiritualität zu leben, zu tun. Die Zeit ist gekommen, diesen Trennungspunkt aus Ihrer DNS zu entfernen.

Am Light Institute folgen auf die Sitzungen zur Klärung der Großeltern die Sitzungen über die Quintessenz der Inneren Großeltern. Quintessenz-Sitzungen gewähren uns Zugang zu den universalen Energien, die wir als Familienoberhaupt oder Stammeshäuptling haben: die Weisheitsbewahrer. Die erleuchtenden Aspekte solcher Inkarnationen sind Entscheidungen, die große Themen betreffen, wie z.B. den Schutz oder die Führung einer Gesellschaft.

Die Chance, diese Art von Energie zu erleben, kann einen Menschen für immer verändern. Ohne auf derartige Weisheit in diesem Leben warten zu müssen, ist die Fähigkeit, mit Wissen umzugehen, eine Gabe, die einem zukommt durch die Macht, die die Seele während anderen Aufenthalten im Körper angesammelt hat. Indem man sie erneut besucht, kann man die Quintessenz einer höheren Ebene ausdrücken, die immer schon in einem war.

Vielleicht hatten Sie das Glück, Ihre Urgroßeltern zu kennen oder von ihnen zu hören. Sie tragen ein noch stärker geläutertes Chi. Die Gleichung: »Weniger ist mehr« beschreibt die feinstofflichen Ströme, die von drei Generationen entfernten Vorfahren kommen. Durch die Distanz werden bestimmte Themen – etwa wie die Dinge getan werden sollten – unwichtig und eine tiefere Wahrheitsebene eröffnet sich.

Es sind nicht so sehr die weltlichen Aspekte dessen, was unsere Großeltern und Urgroßeltern in ihrem Leben getan haben, sondern vielmehr die Energie, die sie uns bieten. Weil das Bewusstsein nie stirbt, lernen sie körperlos weiter und geben die Lehren über die psychogenetische Vererbung an uns weiter.

Unsere Großeltern werden zu Fenstern zum Himmel, die uns inspirieren, nach einer tieferen Wahrheit zu forschen. Auch wenn wir nicht viel an sie denken, verankern sie uns in einer größeren Welt und geben uns einen erweiterten Sinn für das, was wir sind. Es ist großartig, sie über die Quintessenz ihrer geistigen DNS zu berühren.

8. *Kapitel*

SEXUALGENETIK

Es ist viel leichter, sich in unserer Familienkonstellation nach Zeichen der körperlichen oder sogar emotionalen Vererbung umzusehen, als über unsere Sexualgenetik nachzudenken. Wir wissen natürlich, dass wir sexuelle Dialoge von unseren Eltern und Geschwistern sowie von unseren Cousins und Freunden geerbt haben. Wir haben uns nur nie überlegt, was es bedeutet.

Es ist wunderbar zu sehen, wie eine Person bei den Sitzungen ihre eigene Empfängnis beobachtet und die Empfindungen der Eltern während des Geschlechtsakts erlebt. Oft ist sie total überrascht angesichts des leidenschaftlichen, freudigen und beglückenden Austauschs, der zwischen den Eltern stattfindet, während sie ein neues Leben erschaffen. Die Zeugung ist ein magischer und wundervoller Akt und ihre kosmische Absicht ist allen unseren Zellen eingeprägt!

Leider verheimlichen die Erwachsenen alle Anzeichen ihrer Leidenschaft und als Kinder erleben wir die Verleugnung und Vermeidung derartiger Gespräche. Daher bezweifeln wir, dass wir Teil von etwas so Gutem sein können.

Es mag für viele von uns beunruhigend sein, sich vorzustellen, welches sexuelle Erbe wir von unseren Eltern erhalten haben könnten. In früheren Generationen gab es so viele sexuelle Schuldgefühle und so wenig Kommunikation, dass wir beim Erkunden sexueller Fragen auf uns selbst gestellt waren und uns fragten, ob das Undenkbare auch auf unsere Eltern zutreffe.

Auch wenn wir nicht wussten, wie die Fragen über unsere sexuelle Genetik zu formulieren wären, waren wir doch neugierig. Waren sie leidenschaftlich? Hatte meine Mutter Orgasmen? War mein Vater ein guter Liebhaber? Tun sie »es« immer noch? Die wahrscheinlichen Antworten sagen etwas über uns aus und darüber, was wir im Rahmen unserer Erfahrungen als möglich erachten. Wir sorgen uns um das, was wir von ihnen geerbt haben. Wir können sehen, dass unsere Körper Kopien der ihrigen sind, und so beobachten wir sie, um herauszufinden, ob es bedeutet, wir werden selbst große Liebhaber und begehrte Partner sein.

Es fällt uns viel leichter, die Dinge aufzuzählen, die wir nicht erben möchten als die, die wir nur allzu gerne von unseren Eltern erhalten hätten, weil wir in unserem äußeren Bewusstsein so wenig über ihre Erfahrungen wissen. Was hinter verschlossenen Türen geschah (vielleicht die wildeste Romanze), mag uns als Beobachter wie die distanzierteste Bekanntschaft scheinen.

Sexualgenetik bildet den Hintergrund für tausend Fragen, die wir uns selbst stellen: Wie empfinden wir in Bezug auf unsere Körper? Fühlen wir uns der Liebe würdig? Wissen wir wirklich, wie wir die Liebe körperlich ausdrücken können? Alle diese Fragen kreisen um instinktive Urenergien, die wir in uns spüren, und die von unzähligen Vorfahren, welche an den gleichen quälenden Selbstzweifeln wie wir litten, an uns weitergegeben wurden.

Nahezu alle unserer Kernthemen stammen aus der Sexualgenetik. Wir können das Thema der Sexualität nicht von dem der Beziehung, Macht, Zurückweisung, ja nicht einmal vom Thema Geld trennen. Wir setzen unsere sexuellen Energien auf all diesen Turnierplätzen als großen Neutralisator ein.

Fragen Sie sich, wie Ihre Sexualität Beziehungen angezogen oder vereitelt hat. Wie haben Sie sie eingesetzt? Als Waffe oder als göttliches Geschenk? Wie beeinflussen Ihre sexuellen Aktivitäten Ihr Selbstgefühl?

Die Antworten auf diese Fragen beginnen schon früh in unserem Leben. Bereits bevor wir fünf Jahre alt sind, sagt man uns, was wir mit unseren »heimlichen« Körperteilen nicht tun dürfen. Es gibt kaum ein Kind, das nicht gelernt hat, dass die Berührung seiner eigenen Geschlechtsteile oder der anderer den Eltern missfällt und die Erwachsenen stört. Wir finden heraus, dass unsere angenehmen Körper für nahezu alle anderen eine Bedrohung darstellen, und doch wissen wir, dass unsere Eltern irgendein Geheimnis mit ihren Körpern haben, das sie nur miteinander teilen. Wir wollen auch Teil davon sein.

Vielleicht war Freud nicht weit vom Ziel entfernt, als er unsere Aufmerksamkeit auf die Ödipusphase lenkte, in der Knaben ihre Mutter heiraten wollen und Mädchen ihren Vater (Elektrakomplex). Sie fühlen sich zum gegengeschlechtlichen Elternteil hingezogen, weil sie erfahren wollen, welches Geheimnis zwischen den beiden besteht. Wir wollen dem Vater bzw. der Mutter gehören, so, wie sie einander gehören. Die sexuellen Energien sind im Kindheitsstadium noch etwas diffus, aber sie sind definitiv vorhanden.

Wenn wir erwachsen werden, suchen wir uns Sexualpartner, die wie unsere Eltern aussehen oder sich am meisten wie sie »anfühlen«. Auch wenn wir nie zugeben würden, dass da ein Zusammenhang besteht, geht es dabei auch um das Ausleben von Kindheitsphantasien mit jemandem, der in die Rolle passt.

Ich habe Frauen klagen hören, dass sie ein großartiges Sexualleben hatten, bis sie ihren Liebhaber heirateten. Nach der Heirat schien der Mann das sexuelle Interesse verloren zu haben, als ob er ein total anderer Mensch wäre. Manchmal liegt der Grund dafür in einer unbewussten Vertauschung der Gefühle für seine Mutter und der für seine Frau.

In der Regel hat er sich eine Frau gewählt, die ihn an seine Mutter erinnert, sei es durch ihr Aussehen, ihren Charakter oder ihr Verhalten. Die Formalität der Eheschließung mag eine unbewusste Projektion ausgelöst haben, bei der er das Gefühl hat, er fange etwas mit seiner Mutter an. Dies ist genug, um Hemmungen zu erzeugen, was für einen beglückenden Liebesakt eine Katastrophe bedeutet. Bei einigen Männern wird dies noch ausgeprägter, wenn Kinder zur Welt kommen.

Wenn ein Mann seine Frau irgendwie als seine Mutter sieht, kann er sie ehren und Heiligkeit in der Beziehung finden, aber die Leidenschaft verschwindet, sobald sie ihm den Ehering übergestreift hat. In gewissen Kulturen obliegt die Kindererziehung ausschließlich den Frauen, während der Vater beginnt, herumzuziehen und sich dabei auf Grund der unbewussten elterlichen Lust irgendwie sexuell vertrieben zu fühlen. Entweder ist die Frau die heilige Mutter oder die »Frau der Nacht«.

Der berühmte Schweizer Psychologe Carl Gustav Jung sagte: »Frage einen Mann, was er seiner Mutter gegenüber empfindet, und er sagt dir damit, wie er seine Frau behandelt.« Wir ahmen mit unseren Partnern nach, was wir in unserer Jugend bei unseren Eltern wahrgenommen haben. Der Mann sucht sich eine Frau, die die Rolle seiner Mutter spielt, so dass die emotionale Energetik gleich bleiben kann. Die Frau sucht sich, in einem ebenso repetitiven Szenario, einen Mann, der das Spiel fortsetzt, das sie mit ihrem Vater spielte.

Die gewaltigen Illusionen in diesem Beziehungsdrehbuch liegen im emotionalen Muster der *Projektion*, in dem wir in anderen sehen, was zu uns selbst gehört oder was in unser emotionales Repertoire passt. Wir projizieren dann auf unsere Geliebten, was wir von unseren Eltern gelernt haben.

Wenn eine besondere Beziehung zwischen den Eltern und ihren gegengeschlechtlichen Kindern besteht, kommt es manchmal zu einer Verwicklung unausgesprochener Gelübde und Verträge. Beide Seiten versprechen sich vielleicht unbewusst oder bewusst, dass sie sich gegenseitig auf ewig treu sein wollen. Obschon dies längst vergessen ist, setzt sich die Absicht im Gewebe der emotionalen DNS fest und kann nicht herausgeholt werden, weil keine bewussten Bezugspunkte mehr bestehen.

So findet der pflichtbewusste Sohn keine Partnerin, die seiner Mutter das Wasser reichen könnte, und die Tochter empfindet ein vages Gefühl der Gefahr und hält sich im Liebesakt mit ihrem Mann zurück, hat aber keine Ahnung, weshalb sie so reserviert ist. Die falsch verstandene Loyalität ergibt sich aus uralten Abmachungen aus vergessenen Zeiten, die sich schon früh im jetzigen Leben wieder abspielen.

Wenn Ihre Eltern sämtliche Hinweise auf sexuellen Austausch vor Ihnen versteckt oder Sie gelehrt haben, Sex sei schmutzig, gegen Gottes Wille oder gefährlich, dann werden Sie diese Überzeugungen sehr wahrscheinlich in Ihre eigenen sexuellen Beziehungen einfließen lassen, auch wenn Sie den Zusammenhang zwischen Ihnen und Ihren Eltern leugnen. Diese Prägungen werden zu Ihrer sexuellen Genetik.

Nehmen Sie sich einen Augenblick Zeit, um die Botschaften zu betrachten, die Sie von Ihren Eltern in Bezug auf Sex erhalten haben. Welches sind die Gedankenformen Ihrer Eltern bezüglich Sex? Es wäre nützlich, sämtliche Gedankenformen, die Sie je gehört haben, aufzuschreiben, damit Sie sie durchsehen und herausfinden können, welche tief in Ihnen festsitzen.

Sie wissen zum Beispiel in Ihrem äußeren Bewusstsein, dass »Sex nicht schmutzig ist«, trotzdem halten Sie einen Teil von sich beim Liebesspiel zurück. Ein Rückstand dieser Gedankenform beeinträchtigt Ihre Fähigkeit, sich ganz auf Ihren Körper einzustimmen.

Wenn Sie eine Gedankenform finden, die Sie beeinträchtigt, können Sie in Ihre DNS hineingehen und sie auflösen.

Atme mehrmals tief durch, um dich in einen meditativen Zustand zu versetzen.

Bitte deinen Körper, dir zu zeigen, wo diese Gedankenform in deiner DNS festsitzt. (Akzeptiere, was immer dir in den Sinn kommt. Vielleicht siehst du einen Flecken oder einen Klumpen auf einem Seil oder etwas Funkelndes. Es gibt keine richtige oder falsche Antwort, da jede Person so wahrnimmt, wie der Körper es ihr zeigt. Du wirst deine DNS jedes Mal anders sehen, wenn du in sie hineingehst, so wie die 50 000 Gene sich je nach dem Zweck anders anordnen.)

Wenn du die Gedankenform auf dem DNS-Strang lokalisiert hast, bitte dein Höheres Selbst, die vollkommene Frequenz weißen Lichts zu wählen, um sie aufzulösen.

Stell dir vor, dein Höheres Selbst richte das Licht wie einen Laserstrahl in die DNS und löse so die Gedankenform auf.

Atme nochmals tief durch und spüre die Leichtigkeit in deinem Leib. Du wirst FREI!

Jedes Mal, wenn Sie eine negative Gedankenform aus Ihrer DNS entfernen, verändern Sie die Zukunft für uns alle.

Sexualgenetik vermittelt uns eine wunderbare Sicht der Zusammenhänge zwischen der körperlichen, emotionalen und geistigen DNS. Da die Inkarnation nur mittels geistiger Absicht geschieht, flüstert der Fortpflanzungsdrang dem Urkörper ins Ohr und verursacht eine emotionale Ausdehnung. Diese tritt über die Schwelle mit Hilfe der Macht der Gefühle. Das Göttliche nimmt durch die sexuelle Energie Form an, somit ist die sexuelle Energie dem Geist am nächsten.

Wie kann das Göttliche eine Form hervorbringen ohne Glückseligkeit und inneres Jauchzen? Wenn wir die echten Energien der Sexualgenetik entdecken wollen, dann müssen wir unser Bewusstsein bis hin zu den Lehren des Geistes ausweiten. Sie werden uns von den falschen Auslegungen befreien, die unsere Erfahrungen bis dahin unterdrückt haben.

Es ist nur logisch zu akzeptieren, dass die Sexualität, die ja als Mittel zur Transformation des Göttlichen in den Leib dient, nicht »schlecht« sein noch dem Schöpfer missfallen kann, der es so vorgesehen hat. Doch die Schuld- und Schamgefühle dauern an – nicht etwa weil die Sexualität unrein wäre, sondern weil verschiedene Wiederholungsmuster uns diese in unser genetisches Muster eingeimpft haben. Sie wurden uns beigebracht von Menschen, die von den Befürchtungen und Drohungen anderer gebrandmarkt waren. Diese lebten ihrerseits in Angst und Schrecken vor den Gefahren und der Schande sexueller Ausdrucksformen.

Alle Religionen sind sich einig in ihrem Standpunkt, dass sexuelle Energie bestenfalls die Hingabe an Gott vermindert. Sie vertreten die Ansicht, dass sexuelle Betätigung uns davon abhält, uns hingebungsvoll auf das Göttliche zu konzentrieren. Auf einer bestimmten Ebene wurde diese Beobachtung so an uns weitergegeben, dass wir Sexualität als Widerspruch zu Gott empfinden. Da stellt sich die Frage: Wer oder was gab uns das phantastische Hochgefühl der sexuellen Lust? Und weshalb?

Man hat mich nie davon überzeugen können, dass die Freude am Sex ausschließlich der Fortpflanzung dient. Sie ist vorhanden, bevor wir körperlich empfangen können und noch lange nachdem eine Schwangerschaft das mögliche Ergebnis solcher herrlicher Freuden sein könnte. Sexualität in ihrer ganzen Herrlichkeit ist unser Geburtsrecht und das süßeste Geschenk unseres Leibes, mit dem wir das Leben kosten.

Viele der negativen Gedankenformen, die wir in Bezug auf Sexualität haben, stammen aus kulturellen wie auch familiären Konstrukten. Wie bei einer gewaltigen Verschwörung haben uns Kirchen, Schulen und die Gesellschaft als Ganzes mit Botschaften bombardiert, die behaupten, dass Sexualität uns automatisch von unserer eigenen Güte trenne. Auf der anderen Seite bestätigen uns Filme und die Medien unaufhörlich, dass Sexappeal der einzige Weg zum Erfolg ist.

In Wahrheit beeinflusst fast jeder, den wir kennen, unsere Sexualgenetik. Jede einzelne Überzeugung, die wir bei anderen wahrnehmen, fügen wir der Liste unserer eigenen hinzu.

Aus Sitzungen zur Sexualgenetik habe ich entdeckt, dass Menschen, die bewusst empfinden, sie seien mit ihrer sexuellen Energie im Einklang, dennoch eine unglaubliche Menge verdrehter Emotionen und »Unaussprechbares« mit sich herumtragen, die sie von ihrer Umwelt übernommen haben. Sie haben sie aus ihren Köpfen verbannt, aber die Energien lauern immer noch unter der Oberfläche und verursachen Unbehagen und Krankheit.

Wenn diese Erfahrungen Teil unseres Seins werden, gehen sie als dauernde Aspekte dessen, wer wir sind, in unsere DNS ein. Die DNS ist die Essenz unserer Lebenskraft. Sie enthält das Potential dessen, was wir von den Gedankenformen und Erfahrungen anderer zusammengetragen haben, und hält sie in einem unglaublichen, nahezu grenzenlosen Reservoir an Möglichkeiten fest.

So wie wir uns Emotionen anderer Leute um uns her einprägen, gibt es auch keinen Schutz gegen die Übernahme sexueller Codes von den Menschen, mit denen wir sexuelle Energien austauschen. Die Kraft sexueller Schwingungen ist derart stark, dass wir sogar die Prägungen aller anderen Partner unserer Liebhaber aufnehmen. Ein One-Night-Stand durchdringt und vermischt die Auren zweier Menschen für rund 48 Stunden. Der langfristige Nachhall dauert nahezu neun Monate!

Wenn man einen Geliebten aus einer anderen Kultur hat, wird man viele Aspekte seiner Realität direkt durch den Liebesakt in sich aufnehmen. Generationen sexueller Einstellungen und gesellschaftlicher Regeln vermischen sich miteinander. Wenn diese Energie durch die eigene Aura strömt, wird man den anderen vertrauter erscheinen und sich dank des Mechanismus horizontaler Vererbung gegenseitig befruchten.

Weltweit wird Sex als Bedrohung für Gott und das Heim

angesehen. Sogar in unserer heutigen »freien« Gesellschaft besteht eine unterschwellige Strömung von Schuld- und Schamgefühlen, die durch sexuelle Experimente und Rebellion nicht ausgeräumt worden ist. Und sie wird es auch nicht, es sei denn, wir entfernen sie aus unserer DNS!

Die Angst vor Sexualität kann in der physischen DNS-Helix stecken, die negativen Schuldassoziationen können aber auch an die emotionale DNS gekoppelt sein. Die Gedankenform, dass Sexualität uns vom Göttlichen trennt, ist vielleicht in der geistigen DNS einkodiert.

Bitte Deinen Körper, dir zu zeigen, wo auf deiner DNS du sexuelle Scham oder Schuld festhältst. Bestrahle die Stelle mit einem Laserstrahl aus weißem Licht, bis alles verdampft ist.

Die sexuelle Kodierung ist derart eng mit unserem Selbstwertgefühl verflochten, dass unser Emotionalkörper die Sexualität als eine Möglichkeit einsetzt, um über unsere Eigenständigkeit zu herrschen. Sie wird gefangen in der Verteidigung oder dem Schutz eines Bildes, das sie geschaffen hat, um ihre Lebensfähigkeit zu verbessern. Die Fassade trennt den Emotionalkörper von seiner geistigen Bewusstheit.

Dies ist ein Kreuzweg der emotionalen Sexualität. Entweder wird sie zu einer erhebenden, grenzenlosen kosmischen Erfahrung oder sie unterliegt zahllosen Ängsten. Wenn der Emotionalkörper die Sexualität als Waffe zur persönlichen Macht oder zum Schutz einsetzt, können wir die Ekstase höherer sexueller Schwingungen nicht entdecken.

Die entrückten Zustände von Heiligen und die Glückseligkeit frisch Verliebter stammen aus den herrlichen sexuellen Strömen, die unkontrolliert durch unsere Körper jagen und uns auf höhere Bewusstseinsebenen heben. Durch sie werden wir empfindsam für die verfeinerten Oktaven des echten sexuellen Potentials. Von dort sieht die Welt tatsächlich schöner aus!

Sexuelle Energie ist eine besondere Kraft. Was sollen wir mit ihr tun? Innerhalb der Schleier des Bewusstseins haben Tausende von Heilern und Lehrern, Künstlern und Priestern die äußere Manifestation sexueller Energien Tausende von Malen verwandelt oder transzendiert und die Kraft auf eine höhere Schwingungsebene des Ausdrucks angehoben.

Können Sie sich eine Entrückung vorstellen, bei der Sie durch die Kraft sexueller/geistiger Energie von der Erde abheben und levitieren? Wir haben es von vielen Leuten vernommen, deren Leben geistig erfüllt ist, weil sie ihre sexuelle Energie nicht im körperlichen Bereich »verschwenden«. Wenn es diesen Menschen geschieht, kann es auch uns geschehen!

Das Spiel unserer sexuellen/geistigen Energien wird zum göttlichen »Shakti-Körper«, der den sexuellen Urdrang mit den Lichtfrequenzen des Geistkörpers zusammenbringt. Der Shakti-Körper liefert die Energie des Nektars oder Safts, der die Kundalinikraft nährt.

Unsere sexuelle Quelle liegt in der berühmten Kundalini, der zusammengerollten Schlange östlicher Tradition, die unten am Kreuzbein sitzt. Wenn in der Pubertät die endokrinen Meisterdrüsen angeregt und die sexuelle Reife aktiviert werden, erhebt sich die Energie und steigt auf, um zur Zirbeldrüse zurückzukehren, wo der Zweck des Lebens und die geistige Vision sitzen. Die Kundalini hat eine äußere Schicht, die sich in unseren sexuellen Strom verwandelt und beim

Liebesakt verbraucht wird. Sie hat aber auch eine innere Schicht reiner Energie, die über das Rückenmark zurückkehrt, um sich mit dem »dritten Auge« wiederzuvereinen.

Ich habe zwei Erlebnisse spontaner Levitation gehabt, wobei meine sexuelle/geistige Energie in diesem Leben eine Rolle spielte. Das erste war, nachdem mir Muktananda, ein berühmter indischer Guru, zum dritten Mal *shaktipat* gegeben hatte. Fast unmittelbar, nachdem er mir mit seiner Pfauenfeder einen sanften Schlag auf den Kopf versetzt hatte, flog ich in die volle Lotuspose und erhob mich etwa 30 Zentimeter über den Boden. Ich war in tiefer Meditation versunken und befand mich bereits in einem hochgradig glückseligen Zustand.

Das Lustige daran war, dass ich die Levitation als absolut normal empfand, als ob Schwerelosigkeit mein eigentliches Element wäre. Andererseits rief die vollkommene Lotusposition mit der gerade aufgerichteten Wirbelsäule und den in meine Leisten gefalteten Beinen eine Schockwelle in meinem Körper hervor. Sie verursachte eine Lichtkraft, die durch mich empor und aus dem Scheitelchakra hinausschoss. Ich fühlte mich wie eine lebende Kerze. Dies ist ein ausgezeichnetes Beispiel dafür, wie sich das göttliche sexuelle Potential durch seine reinste Energie ausdrücken kann. Durch die Kraft dieser neuen Schwingung erwachte ich zu einem geistigen Erbe, das mein Leben verwandelte, auch wenn ich zu jenem Zeitpunkt nicht wusste, was es bedeutete.

In meinem Buch *Die Frequenz der Ekstase* habe ich Ihnen bereits von meinem zweiten Levitationserlebnis erzählt, das ein direktes Resultat sexueller Energien war. Ich lag am Heiligen Abend mit meinen fünf Kindern im Freien unter den Sternen Arizonas. Meine letzten traurigen Gedanken vor dem Einschlafen waren die, dass ich meinen Leib nie mehr sexuell einsetzen würde. Einige Zeit später in jener Nacht erhielt ich eine prophetische Antwort, die mein ganzes übriges sexuelles Repertoire unbedeutend erscheinen ließ. Ich fühlte mich aus dem Schlaf und vom Boden gehoben und wurde von Milliarden feinen Stichen durchstrahlt, die meinen Körper in einem elektrischen Puls wellenförmig schwingen ließen. Es war ein kosmischer Orgasmus!

Es war, als ob alle Sterne mich küssten und umarmten – nicht die Beglückung, von einem Menschen geliebt zu werden, sondern eine Liebe, die in ihrer Intensität alles übertraf, was zwei Menschen schaffen können. Die Empfindungen waren nicht auf einen bestimmten Körperteil begrenzt, sondern mein Leib wurde zur kosmischen Verschmelzung – und dann eine ekstatische, endlose, kräuselnde Wellenbewegung ...

Die Levitation fühlte sich so natürlich an, dass ich sie kaum bemerkte, bis ich das zärtliche, sanfte Zurückschweben auf den Boden wahrnahm. Es war nur ein Aspekt des ganzen Erlebnisses. Ich kann nicht sagen, wie lange ich in jenen kosmischen Frequenzen weilte, ob Sekunden oder Minuten. Es schien sehr lange und gegen das Ende erkannte ich, dass ich mich ein gutes Stück über dem Boden in der Luft befand. Ein Teil meines Bewusstseins nahm wahr, dass die Seiten meines violetten Schlafsacks sich in einer tanzenden, luftigen Bewegung wiegten.

Bei zwei Sitzungen zur Sexualität habe ich in meinem Heilungsraum bei Klienten Levitation gesehen. In beiden Fällen erlebten diese Zustände höchster Glückseligkeit, nachdem sie ihre sexuelle Energie in geistige Schwingungen verwandelt hatten. Sie taten das nicht mit dem Verstand oder durch Visualisation; sie erlebten ganz direkt ein Drehbuch, das ihnen von ihrem Höheren Selbst gezeigt worden war: Sie sahen ein wunderschönes Leben, in dem ihre sexuelle Energie mit ihrer geistigen Energie im Einklang war. Sie wurden von diesen Frequenzen umfangen. Beide Male schwebten sie in horizontaler Lage in die Höhe, nachdem ihre Energien absolut beschleunigt worden waren.

Wir haben kollektive Erinnerungen an Heilige, die levitierten, die so ekstatisch wurden, dass sie nicht am Boden bleiben konnten – ein kosmischer Orgasmus, großartige Momente der Erleuchtung, die es uns ermöglichen, Teil des Kosmos zu sein.

Wir haben all das geerbt. Es geschah, wenn Menschen sich liebten und wenn sie sich an die höhere Energie anschließen konnten. Von ihnen allen haben wir einen Shakti-Leib geerbt, der uns die gleichen und sogar neue Ebenen sexuellen Ausdrucks bescheren kann.

Erst jetzt wird mir klar, dass wir unsere eigene Kodierung mit dieser Art von Erfahrungen neu beleben könnten. Indem wir sie mit unserem Bewusstsein berühren, könnten wir die Fenster zu unendlichen Erinnerungsbanken öffnen, die uns allen helfen würden, den Sprung in solch entrückte Zustände zu wagen. Dadurch könnten wir die Sexualität in etwas verwandeln, was unseren göttlichen Ursprung mit einschließt.

Vielleicht fragen Sie sich, wie Sie Zugang zu diesen Energien finden könnten. Sie denken vielleicht, dass niemand, den Sie kennen, sie je sein Eigen nannte. Ich versichere Ihnen, dass fast jeder Mensch mindestens einmal im Leben eine außerordentliche sexuelle Erfahrung gemacht hat, sogar Sie!

Sie haben vielleicht nicht levitiert oder das Gefühl gehabt, es sei eine göttliche Erfahrung. Vielleicht war es nur ein erregender elektrischer Strom oder ein kurzer Augenblick des Gefühls, mit einem anderen Menschen eins geworden zu sein. Wenn Sie sich auf die Energie statt auf die Erinnerung konzentrieren, können Sie das immer und immer wieder erleben. Irgendwann wird es sich Ihrer DNS einprägen und zu einem Brennpunkt werden, der entsprechende Energien magnetisch zu Ihnen heranzieht. Sie haben gute, liebevolle Sexualprägungen; Sie müssen nur Ihren Körper bitten, sie Ihnen zu zeigen.

Es ist an der Zeit, unsere mittelmäßigen sexuellen Rückstände, auf Grund derer wir auf jemand anderes warten, der uns in Ekstase bringt, zu löschen. Es ist an der Zeit, bei jedem energetischen Austausch furchtlos und voll da zu sein. Wenn ein Heiliger oder ein erleuchtetes Wesen sexuelle Ekstase erlebt hat, hinterließ dies Spuren, denen wir folgen können. Der wichtigste Hinweis liegt im Bewusstsein. Wenn Sie sich vorstellen, Sie haben ihren Segen in Form des genetischen Codes erhalten, sind Sie bereits offen für wunderbare eigene Erfahrungen. Sie müssen sie nur wollen.

Versuche diese Bewusstseinsübung, um mehr von deinem eigenen sexuellen Repertoire zu erkennen:

Bitte dein Höheres Selbst, dir eine starke sexuelle Eigenschaft zu zeigen, die du geerbt hast. (Vielleicht ist es das Geschenk des Orgasmus, die Fähigkeit zur Verschmelzung, die Leichtigkeit des Herzens oder die ekstatische Entrückung.)

Bitte das Höhere Selbst, dir zu zeigen, wo du diese in diesem Leben angewandt hast.

Wenn du dich an das Ereignis erinnerst, gestatte dir, in dessen Energie einzutauchen.

Frage deinen Körper, wo er diese Erinnerung festhält.

Gehe mit deinem Bewusstsein an diese Körperstelle und setze die Energie frei, so dass du spürst, wie sie durch deinen Leib fließt und sich allen Zellen einprägt. Atme tief durch und lass die Erinnerung los, damit du jetzt neue Bezugspunkte bilden kannst.

Zu beobachten, dass wir sexuelle Eigenschaften von außerhalb unserer Familienkonstellation geerbt haben, von jenseits der Einschränkungen, die wir als menschlich verstehen, erweckt Ehrfurcht. Wir wissen, dass wir Teil von etwas viel Größerem als unsere kleine Welt sind, doch wir haben das Potential dieser Tatsache noch nicht erfasst. Es ist nahezu unbegreiflich, dass die sexuelle Natur, die aus dem göttlichen Universum stammt, durch uns fließt und dass wir mit ihrer reinen Energie kodiert wurden. Sich vorzustellen, wie es sich anfühlen würde, wenn man sie berühren könnte oder man von ihr eingehüllt würde, kann uns unendliche Freude bereiten!

Hier eine Übung der sexuellen Genetik auf einer höheren Oktave:

Bitte dein Höheres Selbst, dir die höchste sexuelle Kodierung zu zeigen, die du zum jetzigen Zeitpunkt wahrnehmen kannst. Du wirst sie vermutlich energetisch erleben (meistens wird den Leuten schwindlig oder sie sind überwältigt vor Freude, ihr Herz öffnet sich, sie haben das Gefühl, sie schwebten, flögen, wirbelten).

Lass die Energien durch deinen Körper fließen und beobachte, ob diese Empfindungen dich zu bestimmten Bildern oder Erfahrungen führen. (Vielleicht siehst du, wie du ein Wunder vollbringst, liebst oder heilst, singst, ein Engel bist, oder du spürst das Göttliche in dir.)

Bitte dein Höheres Selbst, dir zu zeigen, wo diese Energie in deiner DNS angesiedelt ist.

Bitte dein Höheres Selbst, die höchste Schwingung weißen Lichts wie einen Laserstrahl auf diese Stelle zu richten, um die Energie zu verstärken und sie in diesem Moment in allen Zellen zu wecken!

Sämtliche Erfahrungen jedes Menschen werden in unser genetisches Reservoir eingespeist. Wir können lernen, in unserer DNS Zugang zu ihnen zu finden und sie durch unser Bewusstsein zum Leben zu erwecken. Indem wir unsere DNS bis zu den Erinnerungsbanken aller ekstatischen sexuellen Erfahrungen zurückverfolgen, können wir eine Datenbank schaffen, die uns zeigt, wie sexuelle Strömungen in Ekstase, Entrücktheit und Glückseligkeit übersetzt werden. Durch diese Zustände könnten wir jede Art von Wunder bewirken: uns selbst heilen, unser Einssein erleben, Zeit und Raum überwinden!

9. Kapitel

KULTURELLE VERERBUNG
Die Kraft des Stammes

Der Begriff »Kultur« vermittelt ein Gefühl lang andauernder Tradition, das tröstend ist, weil wir in unserer Lebenseinstellung ein Bedürfnis nach etwas hoch Entwickeltem, Erhebendem haben. Viele von uns sind geblendet und glauben, dass Kultur etwas mit Lebensstil zu tun hat – Musik, Literatur und anderer Zeitvertreib, die uns innerhalb unserer Gesellschaft in sichere Kategorien oder Prestigenischen einteilen. Was unsere Welt angeht, haben wir aber schon längst die Fäden der Fremdbestimmung durchgetrennt und halten uns für frei von der Überwachung Außenstehender. Wir empfinden so, weil das kulturelle Erbe uns derart eingefleischt ist, dass wir uns nicht als Produkt gesellschaftlicher Konditionierung erkennen.

Doch genauso wie unsere Familienerfahrungen unser Selbstgefühl formen, definiert auch unser kulturelles Erbe unser Selbstbild und Selbstwertgefühl. Wir sind durchlässig für die Umwelt und saugen die Suppe des kollektiven Be-

wusstseins durch das Sieb unserer individuellen Persönlichkeit in uns auf. Unsere Gefühle in Bezug auf Kunst, Schönheit, Sexualität und die Gemeinschaft sind alle gefilterte
Grundsätze unserer Kulturen.

Der wichtigste Aspekt der kulturellen Vererbung ist deren
starker Einfluss auf unser Selbstgefühl. Ihr Hang zum Ab-
packen eines Fließbands von willigen Leuten, die sich für
»gewöhnlich« halten, ist monumental. Schon der Begriff »gewöhnlich« vermittelt eine Art Sicherheit in der Mittelmäßig-
keit, die Konventionalität unterstützt statt Individualität. Es
ist der kulturelle Gütestempel, der unseren Sinn für Abenteuer, den Reiz, sich selbst immer wieder neu zu erfinden,
eindämmt.

Kulturelles Erbe schließt Tausende und Abertausende
von versteckten Andeutungen, Gesten und kollektiven
Gedankenformen ein, die von den Menschen unserer
Kultur – bis zurück zu den ersten Anfängen unseres
Stammbaums – vereinbart worden sind. Sie sind die Vorbedingung, wenn man in seine exklusive Umarmung aufgenommen werden will, und die Kodierung ist so heim-
tückisch, dass wir es ganz einfach nicht erkennen. Während
wir einerseits glauben, es seien die unerschütterlichen
Wahrheiten unseres Lebens, sind andererseits viele dieser
Gedankenformen erdrückend und schmerzlich für die
Menschen, die sich unter der Last solch einer vorfabrizier-
ten Existenz abmühen.

Gedankenformen, die einst die Gemeinschaftsstruktur
zusammenhielten, sind heute einengend und sogar kontra-
produktiv für die Erkenntnis, dass jeder Einzelne von uns
und wir alle zusammen ein holographisches Konglomerat des
Ganzen sind. In der Vergangenheit drückten sich die Gesellschaften weltweit durch klar definierte Verhaltensmuster aus,
die genau vorgaben, wie man, je nach Geschlecht und Status

innerhalb der Gesellschaft, angemessen auf das Leben zu reagieren hatte.

Weshalb erforschen wir nicht die kulturellen Gedankenformen, die uns heute formen?

Bitte dein Höheres Selbst, dir die kulturelle Gedankenform zu zeigen, die dich jetzt am meisten am Wachstum hindert. Vielleicht hat sie mit Sexualität zu tun oder mit der Anwesenheit anderer oder mit der Angst vor ihnen.

Wenn du dir der Gedankenform bewusst geworden bist, bitte das Höhere Selbst, dir zu zeigen, wo sie in deine DNS kodiert ist.

Lass dich die Stelle wahrnehmen und dann richte ein strahlend weißes Licht wie einen Laser auf jene Stelle, bis sie sich aufgelöst hat. Atme tief durch und spüre die Leichtigkeit, die sich durch die Befreiung aus dem Griff der Gedankenform ergibt.

Könnten Sie sich selbst aus der kulturellen Perspektive beschreiben? Haben Sie sich je gefragt, weshalb Sie in einen deutschen, amerikanischen oder lateinischen Kulturkreis geboren wurden? Welche Lektionen wollten Sie aus dieser kulturellen Genetik lernen?

Kulturelle Themen sind mit allen Themen der Menschheit identisch. Verschiedene Kulturen bieten vielleicht einen spezifischen Brennpunkt, zum Beispiel Regeln für das Zusammenleben, die Sexualität, Spiritualität, Gerechtigkeit, Freiheit und materielle Dinge. Die verschieden ausgerichteten

Perspektiven sind immer dienlich für die Lektionen, die wir auf geistigen Ebenen brauchen.

Eines der größten Themen in allen Kulturen weltweit ist die neue Rolle der Frau. Wir sind im Begriff, als unsichtbare Wesen aus einer dunklen Nacht aufzutauchen und zu einer mächtigen Gruppe von Wegweisern zu werden. Dieser Übergang fand unter zum Teil extremen Maßnahmen statt, unter denen wir uns in eine Welt hineinwarfen, die eigentlich nicht bereit war, unsere Gaben zu empfangen.

Die Frauen suchen nach einem Ort der Gleichberechtigung, der uns die Freiheit gibt, etwas aus unserem tiefsten Innern beizutragen. Wir wissen, wie man Dinge in Bewegung setzt, und sehen oft die Lösung, und doch warten wir weiterhin auf die Erlaubnis, sie anzubieten, als wären wir kleine Kinder.

Das Problem liegt in unserem Bedürfnis nach Anerkennung. Entweder bemühen wir uns viel zu sehr, das »brave kleine Mädchen« zu sein, oder wir lehnen uns auf und wenden die alten männlichen (Yang-)Taktiken an, die Trennungsproblematik der Vergangenheit. Es gibt neue Wahlmöglichkeiten, aber wir müssen die eingetrichterten kulturellen Mandate abschütteln, die unsere Absicht und unsere Herzen überschatten.

Ein Teil des Schmerzes und der Mühen stammt von den Prägungen, die wir seit unserer Kindheit mit uns herumtragen. Die Klärung kulturellen Erbes in Sitzungen hat mir gezeigt, dass fast alle Frauen glauben, sie seien weniger wert als Männer. Viele haben den Eindruck, der Vater hätte lieber einen Sohn gehabt, oder sie meinen, Jungen bringen es zu mehr als Mädchen.

In jeder Kultur gibt es reale Unterschiede zwischen der Art und Weise, wie Eltern und die Gesellschaft als Ganzes Jungen oder Mädchen behandeln. Das sind ganz einfach gewohnheitsmäßige Rückstände aus den Mythen, die von einer Generation an die nächste weitergereicht wurden. Letzten Endes werden wir Frauen unsere Beziehung zu unseren Kindern ändern müssen, wenn das Resultat der Erziehung unserer Kinder und Kindeskinder ein neues Selbstbild sein soll.

Lasst uns unsere Gedankenformen über Frauen jetzt ändern, so dass wir unseren Beitrag für eine neue Zukunftsperspektive leisten können.

Atme mehrmals tief in dein Gehirn und entspanne dich. Bitte dein Höheres Selbst, dir jede geerbte Gedankenform in Bezug auf das Frausein oder Frauen zu zeigen, die jetzt geklärt werden soll.

Bitte dein Höheres Selbst, den genauen Punkt auf deiner DNS zu bestimmen, an dem diese Gedankenform festsitzt. Richte das hellste weiße Licht wie einen Laser auf diese Stelle und lasse sie verdampfen.

Es kommt zu einer sich wellenförmig ausbreitenden Wirkung auf das kollektive Bewusstsein. Indem wir diese alten Gedankenmuster loslassen, werden andere sie auch ändern, weil sie spüren, dass es eine andere Möglichkeit des Seins gibt. Zu lange haben wir uns unser Leben von unserer Kultur diktieren lassen. Es ist an der Zeit zu erkennen, dass es an uns ist, diese Kultur zu ändern, und nicht umgekehrt.

Bedenken Sie den Druck, den frisch gebackene Eltern empfinden, weil ihr Kind gesund, intelligent und ein bei-

spielhaftes Modell ihrer Kultur sein soll. Alle stillschweigend
vorausgesetzten Regeln der Elternschaft lasten auf ihnen,
denn sie sollen sicherstellen, dass die gesellschaftlichen Glaubenssysteme an die Kinder weitergegeben werden, um den
Status quo aufrechtzuerhalten.

In ihrer Unsicherheit lassen junge Eltern andere ihnen
diktieren, wie sie ihre Kinder aufzuziehen haben. Die Erstge-
borenen erleiden dann die ganze Schwere dieser Gebote und
fühlen sich wie Erwachsene, die nicht wissen, was es bedeutet, einfach nur zu spielen, ohne sich um die Bedürfnisse oder
Befehle anderer zu kümmern. Die Last der kulturellen Anerkennung bringt erstgeborene Kinder oft dazu, erfolgreicher
sein zu wollen als ihre Geschwister; gleichzeitig sind sie aber
konfliktbeladener.

Die kulturelle Indoktrinierung beginnt früh im Leben.
Für die offenen Seelen unserer Kinder reicht oft ein Blick
oder ein Wort, um unsere Anerkennung oder Ablehnung
anderer zu signalisieren. Statt ihnen Furcht einzuflößen, wäre
es besser, wir würden unsere Kinder sorgfältig Offenheit und
das Abenteuer des Austauschs mit allen Wesen lehren – kollektiv und individuell.

Wir brauchen einen Katapultsprung des Bewusstseins,
um mögliche neue kulturelle Modelle wahrzunehmen. Bis
jetzt haben wir geglaubt, wir seien mutig, weil wir gegenseitig unsere Rollen im Stück ausprobieren. Das ist eine ausschließlich horizontale Perspektive, die unbedingt durch eine
vertikale Verlagerung in ein vollständig neues Universum des
Seins ersetzt werden muss.

Heute muss jeder von uns mehrere Rollen spielen, um sich
erfolgreich zu fühlen. Wir können nicht mehr nur Mutter,
Lehrer oder Ehemann sein, weil wir selbst so rasch wachsen,
dass alles unmöglich in einem einzigen Beziehungskanal enthalten sein kann. Wie können wir innerhalb der Grenzen ei-

ner einzigen Ausdrucksweise Nahrung oder Inspiration finden? Wir sind *nicht* nur Männer oder Frauen, Mütter oder
Arbeitgeber. Einst konnten wir uns auf verschiedene Wirklichkeiten aufteilen, zum Beispiel den Arbeitsplatz und das
Heim, doch jetzt greifen wir über die Mauern hinaus, die uns
gefangen hielten, und suchen die Freiheit des *spontanen
Selbstseins*.

Obschon die Gesellschaft sich rasch zu wandeln scheint,
durchläuft die Rachitis der porösen Kulturknochen einen
langen Prozess der Desintegration. Emotionale Assoziationen und Schlussfolgerungen unserer Ahnen sickern durch in
unser innerstes Wesen und diktieren die Gezeiten unserer
Reaktion. Verkrustete Emotionen sind der Zement, der uns
zusammenhält, und wir können ihn unmöglich von unserer
eigenen Substanz unterscheiden.

Sogar wenn wir glauben, wir hätten unsere kulturelle Herkunft vergessen, beeinflussen die Rückstände und Prägungen uns bei jeder Entscheidung. Die Lebensgewohnheiten
sind so stark durch die emotionale Programmierung strukturiert, dass unsere »Kulturkörper« sich in einem Zustand der
Totenstarre befinden und wir nicht einmal bemerkt haben,
dass sie krank waren!

Die Erkenntnis, dass Emotionen die heimtückischen Waffen auf dem kulturellen Schlachtfeld sind, beeindruckt uns
tief. Wir reagieren emotional auf unsere Flaggen, leidenschaftlich in Bezug auf Sportsmannschaften und gewaltsam
in Bezug auf unsere Religion. Sämtliche religiösen Ausdrucksweisen, die sich an kulturelle Eigenheiten binden, ba-
sieren auf dem grundlegenden Bedürfnis der Menschen, ein
Leben zu führen, das auf die Mysterien Gottes antwortet.
Das Wesen aller Kulturen ist die Erfahrung und Einbindung
des Mystischen und des Göttlichen in das Alltagsleben.

Seit den Anfängen der Stammeskultur erfüllten Kunst und

Zeremonien die tiefsten Bedürfnisse des Menschen, Gedanken über ihre Götter auszutauschen und Beziehungskanäle
zwischen sich und den Göttern zu schaffen. Als die Stämme
anfingen, miteinander in Berührung zu kommen, zwangen
sie sich gegenseitig, ihre Götter zu übernehmen oder zu akzeptieren. Schließlich haben die Kulturen die Religion als
Vorwand gebraucht, um miteinander in Beziehung zu treten
oder eben nicht. »Mein Gott gegen deinen Gott« war auf nahezu jedem Schlachtfeld zu hören. Die Macht des Stammes
herrschte über die Leidenschaft, die geweckt wird, wenn seine Unabhängigkeit bedroht wird. Lethargische Massen sind
durch Empörung über Unterschiede zur Raserei hochge-
peitscht worden, bis sie sogar ihr Leben hingaben.

In der heutigen Welt beginnen die Religionen, über die
Kulturen hinauszuwachsen. Die großen Religionen haben
Anhänger aus allen Kulturen, die die Ausdrucksweise der
Religion bis zu einem gewissen Grad ihren lokalen Gegeben-
heiten anpassen. Die Religion wird zum globalen Gespräch
und es ist entscheidend, dass sie wieder zurückgeführt wird
auf eine geistigere Energie, die jedem Menschen erlaubt, das
Mysterium des Göttlichen auf natürliche und direkte Weise
zu erfahren.

In diesem weiten Bogen über Zeit und Raum erkennen
wir, dass unser kulturelles Repertoire die gesamte Geschichte umspannt. Die Stammessysteme sind genauso ein Teil
unseres kulturellen Erbes wie die heutige Gesellschaft. Die
ursprünglichen Rückstände des Stammeslebens haben uns
bestimmte ethische Vorschriften und Lebensmuster eingeimpft, die sowohl unser Zusammenfinden als auch unsere
Zerstörung bewirken können – Letzeres durch die Illusion,
dass unsere Differenzen unser Überleben bedrohen.

Wir empfinden unsere Freunde und Familien ebenso als
Stamm wie vor Tausenden von Jahren. In diesem psychoge-

netischen Netz aus Menschen sind alle Tätigkeiten enthalten, die wir seit den Anfängen menschlichen Zusammenlebens ausgeführt haben. Die Zeit hat keine Macht über die genetische Vererbung und nur die Mutation der Muster hat eine Wirkung auf die Oberfläche der Form. Diese Erkenntnis ist sowohl sehr beunruhigend als auch vielversprechend.

Das Leben im Stammesverband war voll monotoner, neutralisierter Ausdrucksweisen mit dem Gewicht auf Wiederholungen und bestimmten Rollen. Die ursprünglichen und echten Ängste des »Stamm gegen Stamm« melden sich heute wieder in todbringenden Duellen um das Recht zu leben. Uralte Blutrache ethnischer Gegner verursacht schreckliche Blutbäder. Sie sind Teil von Myriaden von Prägungen, die die weitere Evolution blockieren und so kopflose Aktivitäten auslösen. Dieser vererbte Hass hat sich verstärkt, damit wir die ihm innewohnende zerstörerische Kraft erkennen und ihn aus unserer DNS herauslösen können.

Wir müssen dem Einhalt gebieten! Die einzige Möglichkeit, an den Polaritäten zwischen Gruppen vorbeizusehen, besteht im Ausweiten unseres Bewusstseins über ihre beschränkten Standpunkte hinaus. Stellen Sie sich einmal vor, welche Gifte wir von solch korrumpierenden Begegnungen in uns tragen. Ob wir durch unsere Blutsverwandten von dem Irrsinn angesteckt sind oder weil wir in anderen Leben Schlachten geschlagen haben – so oder so sind wir es zukünftigen Generationen schuldig, sie vor dem fatalen Vorgehen der Menschen zu schützen, die unsere Erde und unsere Art gefährden.

Schließe einen Augenblick lang deine Augen und stell dir eine Person aus einer anderen Kultur vor. Es kann ein australischer Ureinwohner oder ein Grieche sein, ein Asiate oder ein Däne. Sieh dir einfach den Menschen an, der dir in den Sinn kommt.

Überlege, was du von der Kultur dieser Person weißt. Bewunderst du sie, findest du die Menschen attraktiv oder fürchtest du dich vor ihnen? Versuche nicht, intellektuell vorzugehen. Lass Formen und Bilder vor deinem geistigen Auge aufsteigen. Kannst du dir eine Vorstellung von ihrem Leben machen? Wen hassen oder fürchten sie? Was immer es ist, es lebt auch in dir!

Vergangene Kulturen und sogar gegenwärtige um uns herum scheinen weit entfernt von dem, was uns wichtig ist. Verschanzt in unserer eigenen Wirklichkeit, verschwenden wir vielleicht nie einen Gedanken an sie. Es ist ein neuartiges Konzept, dass sie mit unserem Schicksal oder unserer Art zu leben verbunden sein könnten, und doch sind sie es. Wir fahren Tandem mit allen menschlichen Kulturen und werden immer voneinander abhängen. Was sie fühlten oder jetzt tun, schafft ein Schallbrett, das uns unser eigenes Leben zurückwirft. Vielleicht kümmert es uns nicht, doch sollte es das, denn das Flackern ihrer Erlebnisse ist nun die Flamme unseres Potentials.

Hier sind die Kulturen stecken geblieben. Die einander durchdringende emotionale und geistige DNS kommuniziert innerhalb des Genpools und diktiert Entscheidungen, die die Menschen auf Grund kultureller Modelle zusammenhalten. Die Befehle funktionierten gut innerhalb des isolierten Stammes. Doch jetzt, da wir uns gegenseitig auf globaler Ebene berühren, müssen jene Systeme geklärt werden, damit sie

einer Fusion der Menschheit auf höherer Ebene nicht scha-
den, denn wir müssen endlich Krieg und Unrecht weit hinter
uns lassen.

Gedankenformen, die ganze Kulturen teilen, schaffen Ver-
erbungslinien ähnlicher Art, die von der kollektiven Perspektive verstärkt und weitergegeben werden. *Gelerntes* wird
als *Vererbung* in die genetische Struktur eingefügt!

Bedenken Sie, dass Sie und ich durch Vererbung und Verkörperung Rache- und Hassprägungen aufgenommen haben. Wir sind beladen mit der »Sie-oder-wir«-Überzeugung
der Vergangenheit. Es mag nahezu unmöglich scheinen, in
uns gewaltsame Gefühle zu finden, und doch sehen wir rund
um uns her die Spiegelung derartiger Dinge. Wir kennen viele subtile Arten, wie wir anderen durch Worte und Manipulation unsere Verachtung zeigen können.

Wenn wir uns dieser negativen Rückstände unter dem
Mantel unserer Zivilisation nicht bewusst sind oder sie als
fremd ansehen, werden wir sie auf nahezu jeden Menschen
projizieren, der irgendwie anders scheint als wir, und so den
zerstörerischen Makel der trennenden Verteidigungshaltung
verstärken. Es ist wichtig, diese Rückstände in unserer genetischen Struktur aufzustöbern, um die Wunder verschiedener
Kulturen unvoreingenommen und furchtlos auf uns wirken
lassen zu können!

Fragen Sie sich einmal ehrlich nach Ihren Ängsten in Bezug auf andere Kulturen oder Gesellschaften. Von wem haben Sie diese Ängste geerbt? Sie waren vielleicht angebracht
für Ihre Großeltern oder Urgroßeltern, aber für Sie sind sie
eine Last, deren unbegründete Wahrheit Sie vom Abenteuer
Leben trennt.

Der kosmische Witz ist, dass wir mit allen Rassen und
Kulturen durch unser psychogenetisches Erbe verbunden
sind. Wir haben Beziehungspunkte durch unsere Vorfahren,

unsere Inkarnationen der Seele und unseren irdischen Genpool. Wir tragen stolz das Erbe des einen und fürchten das andere auf Grund vergessener Erinnerungen, die durch die Welträume unserer Doppelhelix schwärmen.

Wir wissen nicht, weshalb wir uns ausgerechnet zu Afrikanern, Indianern, Ägyptern oder Griechen hingezogen fühlen. In uns klingt etwas an, das tief aus unserem Innern stammt – so tief, dass es kein Gesicht hat, aber ein Geruch oder ein Bild kann uns Anreiz sein, dass wir danach greifen. Wir wissen nicht, weshalb eine andere Kultur in uns ein Gefühl der Freude oder der Trauer weckt, doch die ungerufenen Emotionen sind nicht zufällig. Sie liegen auf den Ketten der historischen DNS.

Unsere Gefühle sind subjektive Urteile auf Grund körperlicher Erlebnisse, nicht unumstößliche Wahrheiten. Wie dumm ist es doch, einen Grund für Hass oder Vorurteile anzuführen, wenn die Aufdeckung unserer wahren Beziehung nur den Mantel der Zeit zeigen würde. Unser Beharren auf dem Standpunkt unserer Kultur ist absurd im Licht der genetischen Relativität.

Die Menschheit hat schon immer die Extreme als Ausdruck der Gesellschaft bevorzugt. Wir begrüßen einen Krieg als Entschuldigung für unnachgiebige Standpunkte. Kulturen sind tatsächlich ein größerer Spiegel der Bandenpsychologie, bei der es als Treuebeweis gilt, wenn man einem anderen, der nicht zur Bruderschaft gehört, Schmerz zufügt. Angesichts einer teilnahmslosen Welt suchen wir nach noch weiteren Extremen, um Zugehörigkeit zu erlangen – irgendwohin, zu irgendetwas, das uns vom Schmerz des Alleinseins befreit. Wie schnell sind wir bereit, dabei »unsere Seele zu verkaufen«!

Denken Sie an die quälenden Riten, die junge Menschen früher zu durchlaufen hatten, bevor sie in die Welt der Er-

wachsenen aufgenommen wurden, und dann an unser riten-
loses »Nicht-aufgenommen-Werden« mit der Leere und dem
Gefühl des Verlusts, die den jungen Menschen heute zu
schaffen machen. Die meisten Leute würden die Dramatik
und den Schmerz, die den Status klarstellen, der Einsamkeit
und der Unsicherheit, die heute dem Erwachsensein voraus-
gehen, vorziehen.

Vielleicht suchen wir deshalb andere Gruppen und Kulturen, die uns herausfordern, unser Engagement und unsere
Treue ihnen gegenüber durch ihre Lebensrituale zu »beweisen«. Gruppen machen sich oft den niedrigsten gemeinsamen
Nenner zur Norm und nehmen kollektive Handlungen vor,
die jedem einzelnen Mitglied Karma auferlegen. Weshalb tun
wir das? Es steht fest, dass ein Charakterzug, der durch das
kulturelle Erbe in uns eingeflossen ist, nicht einfach durch
unsere Vorstellungskraft auszumerzen ist. Wir müssen uns
aus unserem Pferch herauswagen, damit wir entdecken können, was zu uns gehört, weil wir es selbst gewählt haben – sowie was wir von unserem Erbe als unser Eigen behalten
möchten. Ein Zeitalter des Friedens ist erst möglich, wenn
wir die Vergangenheit von allen unbrauchbaren Partikeln
befreien und sie mit einer aufgeklärten Doppelhelix neu
aufbauen.

Obwohl wir die Auflagen unserer Kulturen spüren, sind
wir letzten Endes die Verursacher der kulturellen Evolution
und die Gestalter kultureller Konstrukte für viele kommende
Generationen. Kulturen ändern sich nur langsam. Deshalb
sehen wir vielleicht unsere Wirkung auf die Zukunft nicht,
dennoch ist sie vorhanden. Wir sind eine aufstrebende Art,
deren individuelle Offenbarungen den Rest unserer kollektiven Menschheitsfamilie beeinflussen. Was immer wir tun,
hat Verästelungen weit über uns selbst hinaus auf unsere
Familien und Kulturen.

Die Einschränkungen sozialer Rollen lasten schwer auf allen Menschen, deren evolutionärer Tiger dem abgehangenen
Fleisch eines sesshaften Lebens nachjagt. Wir sind über den
Reiz des Verfolgtwerdens hinausgewachsen und sehnen uns
danach zu fliehen – nicht vor unseren Verfolgern, sondern in
die Freiheit und ins Licht.

10. Kapitel

GLOBALE VERERBUNG
Das Schicksal der Menschheit

Ich saß mitten in einer Gruppe von acht jungen Leuten aus der ganzen Welt, die sich im Rahmen eines Projektes, genannt »Pol zu Pol 2000«, auf eine Expedition an den Nordpol vorbereiteten. Das Projekt war von meinem Freund Martyn Williams, einem weltbekannten Forscher und Expeditionsleiter zum Nord- und Südpol, ins Leben gerufen worden. Dabei stellte er sich vor, mit einer Gruppe junger, kräftiger Menschen von einem Pol zum anderen zu reisen und auf dieser Mission bei möglichst vielen Gruppen und Einzelmenschen Gelöbnisse einzuholen, dass sie Mutter Erde beschützen und in allen Lebensaspekten nach Frieden streben würden.

Acht junge Menschen aus sieben Ländern kamen zusammen, um dieses Abenteuer miteinander zu bestehen. Sie waren im Alter von 19 bis 27 und jeder Einzelne von ihnen schien ein strahlender, glänzender Stern zu sein. Als ich beobachtete, wie sie miteinander umgingen, sah ich Hoffnung für die Zukunft. Sie waren so willig, über die sprachlichen und kulturellen Grenzen hinauszugehen, einander zu berühren und sich zu einer festen Einheit zu verbinden, um den Zweck ihrer Mission zu fördern.

Und doch sah ich immer und immer wieder, wie ihr Verstand sie und ihre Fähigkeit, das Ungreifbare zu begreifen, gefangen hielt. Ich sah, wie das Spektrum familiärer und kultureller Programmierung das Fundament legte zu einer geistigen Starrheit, bei der der Intellekt alles Neue als ein Anlass zur Beweisführung oder als abstraktes Konzept wahrnimmt und die Erfahrung als Beweis oder Möglichkeit nicht zulassen kann.

Ich bin erschüttert, wenn ich sehe, wie polarisiert wir durch unseren Verstand geworden sind und wie wir uns dadurch abschotten gegen die Verzückung einer Erfahrung mit vollem Bewusstsein. Wenn wir die Fähigkeit des Geistes, sich Dinge vorzustellen und über unsere Sinne direkt zu erleben, verleugnen, wird unsere Welt ein geschlossener Kreislauf bleiben, der allmählich verkümmert. Uns Menschen sind über 70 Sinne gegeben, mit denen wir das Leben aufnehmen können, doch haben wir deren beglückenden Reichtum verwässert, indem wir sämtliche Wahrnehmungen über den Verstand umleiten.

Indem wir die Wahrheit nur über unseren beschränkten intellektuellen, rationalen Verstand wahrnehmen, erweisen wir uns als Menschen keinen Dienst. Die Eigenschaft des Intellekts ist die Fähigkeit, Probleme zu lösen und den Zweck oder den Ablauf von unerklärten, neu auftretenden Phänomenen zu erklären. Wir glauben jedoch, dass er lediglich zur Assimilation einer bestimmten Informationsschicht dient statt zur Korrelation von Daten über nahezu unbegrenzte Aspekte. Diese wirken aufeinander ein und schaffen eine komplexe Wirklichkeit, die nur durch holographisches Denken verstanden werden kann.

Damit haben wir begonnen, die Eigenschaft des Verstandes auszusondern, die für unseren nächsten Entwicklungsschritt lebenswichtig ist. Ohne den »Höheren Verstand«, der das holographische Bewusstsein mit einschließt, können wir unmöglich Zugang zum Zufallschaos finden, das die kosmische Manifestation auf synergistische Weise jählings hervorbringt. Kurz gefasst, wir werden zu langsam sein, um mit den Kräften des Wandels in Berührung zu kommen.

Das Pol-zu-Pol-Team nannte sein Referat »Challenge to Change« (Die Herausforderung zum Wandel). Wir denken an den Wandel im Sinne der Einstellungen und der bewussten Haltung unserer Welt gegenüber, doch sind das eigentlich äußere Maßnahmen, die eher sekundäre Wirkung haben. Wir müssen uns von *innen nach außen* wandeln, genauso wie der Leib sich selbst heilt. Die Antwort auf unsere globalen und Umweltprobleme liegt nicht nur in neuen Ansätzen, sondern in einer totalen Neugestaltung unserer menschlichen Erfahrung!

In dem Maße, in dem wir unser Bewusstsein in die holographische Bewusstheit hinein erweitern, werden wir neue Gedankenmuster entwickeln, die das Wahrnehmen mit Ursache und Wirkung, Aktion und Reaktion verbinden und den Weg für eine neue Art von Intelligenz bereiten. Sie wird Sein und Seele beinhalten, in denen die Antwort auf die größten Geheimnisse und Herausforderungen des Lebens liegen.

Ich spüre, dass wir eine neue Art Gehirn für diese Funktionen entwickeln. Der Stirnlappen entspricht der emotionalen Wahrnehmung und durch diese Kanäle wird unsere Intelligenz und unsere Sorge um den Mitmenschen neue Facetten des menschlichen Potentials entwickeln. Delphine und Wale benutzen ihre Stirnlappen als Sonarsysteme zur holographischen Wahrnehmung. Sie haben eine besondere

Flüssigkeit in ihren Stirnlappen, die die Resonanz für derartig unglaubliche Übermittlungen bilden.

Auch unsere Gehirne bestehen zu über 85 Prozent aus Wasser und wir können lernen, wie man die Leitfähigkeit des Wassers einsetzen kann, um seine Wahrnehmung zu erweitern. Wir wissen, dass der Flüssigkeitsmangel im Gehirn und im Körper der Hauptgrund ist, weshalb wir altern. Indem wir das Gehirn mit Wasser nähren und dafür sorgen, dass es nicht austrocknet, können wir uns das höchste menschliche Bewusstseinspotential erschließen.

Stell dir vor, du wäschst dein Gehirn. Indem du dir ausmalst, es unter einen Wasserfall oder ins Meer zu halten, stell dir vor, dass alle Negativität und Toxizität herausgewaschen werden. Stell dir dann vor, wie dein Gehirn voller Flüssigkeit ist, saftig von dem Wasser, das großartige, brillante Einsichten und Intelligenz leitet.

Kinder werden heute mit größeren Stirnlappen geboren; sie tragen in sich den Prototyp für diese neue Art Mensch. Ich würde sagen, sie haben sich dafür »entschieden«, als Zwischenglied zu wirken, um uns zu dieser höher entwickelten Art von Homo sapiens zu führen. Sie sind bereits an eine neue Energiefrequenz »angeschlossen«, die sorgfältig gepflegt werden muss, wenn diese »Mutation« Wurzeln schlagen soll.

Unser Erziehungssystem beruhte bisher darauf, dem Schüler möglichst viel Information »einzutrichtern«. Vielleicht werden die kommenden Generationen versuchen, uns

Informationen einzutrichtern! Sie werden in eine Welt hineingeboren, die sich über den gegenwärtigen Wirklichkeitsbereich hinaus ausdehnen wird, und wir müssen Wege finden, die ihrem Verstand erlauben, mit neuen Informationen umzugehen, die wir selbst vielleicht noch nicht fassen können.

Unsere Kinder müssen unbedingt lernen, ihrer eigenen inneren Stimme zu vertrauen, so dass sie sich von den unausgeglichenen Einflüssen der Medien und der Umgebung nicht sonderlich ablenken lassen. Das Erziehungssystem muss die Lernziele und deren Anwendung vollständig ändern, um den Bedürfnissen der Zukunft gerecht zu werden. Zu diesem Zweck habe ich die Nizhoni-Schule für globales Bewusstsein gegründet, deren sorgfältig gestalteter Lehrplan darauf ausgerichtet ist, ein grundlegendes Selbstwertgefühl und das tiefe innere Wissen jedes Einzelnen zu wecken, so dass der Studierende sich jederzeit als Teil unserer komplexen Welt empfindet. Es ist eine Erziehung, die sich auf die Seele konzentriert und das Gespräch mit sich selbst über die Themen »Wer bin ich?« und »Was kann ich meiner Welt geben?« beinhaltet.

Ich unterrichte einen Kurs mit dem Titel »Menschheitsthemen«, bei dem wir globale Themen ausloten, die Teil unseres Kollektivbewusstseins sind. Liebe und Macht, Furcht und Hass, Tod und Gott sind alles Themen, die unsere Kulturen formen und unsere Welt definieren. Wir beginnen zu entdecken, dass unsere inneren Gespräche über die Meere hinaus weiterhallen und alle anderen Menschen berühren. Durch diese Erkundungen können wir tatsächlich erleben, dass wir eine einzige globale Familie bilden.

Wir fragen uns vielleicht, welche »Menschheitsthemen« unsere globalen Beziehungen am meisten beeinträchtigen. Ich würde mit der Religion anfangen, da sie mehr zu unserer

Trennung und Entstehung hasserfüllter Rache beigetragen hat als irgendein anderes Thema. Der Vorwand, für den eigenen Gott zu kämpfen und andere zu zerstören, weil sie einen anderen Gott haben, hat ganze Kulturen gegeneinander aufgebracht. Gott zu missbrauchen, um Plünderungen und den Diebstahl anderer zu rechtfertigen, ist die schlimmste aller menschlichen Torheiten. Alle Religionen müssen die Verantwortung dafür übernehmen, dass sie ihre Gläubigen in diesen verabscheuungswürdigen Kampf gelockt haben. Die lange Zeit dieses Irrsinns ist vorbei. Jeder Einzelne von uns muss seinen Standpunkt vertreten gegenüber den Regierungen und den Kirchen, die uns weiterhin in Kriege verwickeln möchten, welche das Gegenteil sämtlicher religiösen Lehren darstellen.

Wenn wir aus der geistigen Falle der religiösen Programmierung ausbrechen könnten, stünden uns alle Formen der Gottesverehrung unserer entfernten Verwandten und unserer Freunde offen. Unsere kollektiven Gotteserfahrungen oder Erlebnisse der göttlichen Kraft würden unser Menschsein erweitern und bereichern, statt einen Keil zwischen uns zu treiben.

Der geistige Fokus auf das Göttliche ist die wahre und stärkste Kraft, die uns Menschen zusammenbringen kann; sie ist nicht dazu bestimmt, uns voneinander zu entfremden.

Unsere Angst und das Gefühl des Getrenntseins stammen aus angelernten Glaubenssystemen, nicht aus einer direkten geistigen Erfahrung. In den geheimnisvollen Anfängen religiösen Ausdrucks wurden wir geprägt von der Idee eines »zornigen Gottes«, den man davon abhalten musste, an den Menschen wegen ihrer Unvollkommenheit wütende Rache zu nehmen. Daraus entstand die rituelle Praktik des Opfers, um Gott zu besänftigen.

Ich kann mir sehr gut vorstellen, wie leicht es für die Priester war, die ihre Grenzen überschritten, in die Falle zu tappen und anderen die Schuld zuzuschieben, wenn der Gruppe ein Unglück zustieß. Wie gelegen kommt uns da die Ausrede, Gott sei zornig und wir müssten mit Leiden bezahlen. Dieses Konzept hat Angst und Strafe tief in der menschlichen Psyche und in der geistigen DNS verankert.

Gott ist nicht zornig auf uns; das ist nur eine wirksame Manipulation, die einigen wenigen erlaubt, viele zu beherrschen. Fast jede Art von Autorität hat diese Technik angewandt, um ihre Anhänger an die kurze Leine zu nehmen – von Priestern über die Polizei bis zu den Eltern. Die in uns vorhandene Güte muss ohne Zwang zugelassen werden. Das Zeitalter der Märtyrer, Opfer und der Strafe ist vorbei. Die Zeit ist gekommen, dass wir erkennen, wie wir ein heiliges Geschenk geben können, ohne Leben zu nehmen oder uns oder anderen Schmerz zuzufügen. Stattdessen können wir die Heiligkeit des Lebens als göttliche Ausdrucksweise feiern.

Die Heilung dieser globalen Spaltung muss mit Einzelnen beginnen, die gewillt sind, dem subtilen Zwang der Gesellschaft entgegenzutreten, um ihren Kindern ein freundlicheres Verhalten beizubringen.

Bitte dein Höheres Selbst, dir die genaue Stelle auf deiner DNS zu zeigen, in der die Idee, dass Gott ein zorniger Gott sei, eingeflochten ist.
Bitte dein Höheres Selbst, dir die Frequenz des hellsten weißen Lichts zu zeigen, die diese Gedankenform entfernen kann.

Richte dieses Licht wie einen Laserstrahl auf den Punkt in deiner DNS und brenne ihn vollständig weg.

Atme tief durch und spüre die göttliche Liebe, die dich berühren kann, sobald du nicht mehr in dem Mythos von der Furcht vor dem zornigen Gott und dessen Strafe eingesperrt bist!

Danke, mein Freund, meine Freundin, dass du dies getan hast. Es wird die Zukunft von uns allen verändern.

Der unglaubliche Ausbruch menschlichen Hasses, der Trennung und Gewalt in unserer Zeit auf unserer Erde ist das Ergebnis einer höheren Energie, die auf die Erde dringt und unsere DNS beeinflusst. Die verstärkte Strahlung, die Sonnenflecken, die Synchronizität der Evolution sprengen den Bodensatz unserer uralten Prägungen. Die Propheten aller Kulturen haben sich auf unseren Zeitrahmen eingestimmt und gesagt: »Bruder gegen Bruder, Stamm gegen Stamm«. Doch das muss nicht so sein!

Mit der Kraft einer mächtigen Zentrifuge schleudert der Kampf zwischen den Frequenzen die Reste der menschlichen Geschichte an die Oberfläche, damit sie freigesetzt werden. Die tragischen Erfahrungen unserer Vorväter haben sich während Jahrtausenden in das Gewebe unserer DNS eingebrannt und müssen nun abgeschüttelt werden. Wenn wir den alten Energien gestatten, sich auszuspielen, werden sie uns zerstören. Wir kämpfen nicht mit Waffen zur Zerstörung Einzelner; mit einer einzigen Atomwaffe halten wir die Erde als Geisel.

Gewisse Orte auf der Erde sind die Brennpunkte der Eruptionen, doch das Brodeln schafft eine Spannung, die auf die genetischen Linien der gesamten Menschheit wirkt. Es gibt keine Guten oder Bösen; es gibt nur den einsamen Menschen, der sich nach der Sicherheit von Heim und Familie sehnt.

Es fällt uns schwer, die Verantwortung für die »Unerhörtheiten« anderer zu übernehmen, doch solange wir es nicht tun, werden wir nicht aus den Schatten der Vergangenheit ins Licht gelangen.

Es gibt eine Art, die Verantwortung zu übernehmen, ohne dabei unter der Last der Vergangenheit zusammenzubrechen. Diese Verantwortung besteht darin, darauf zu achten, dass die Veränderungen uns nicht in die Vergangenheit zurückfallen lassen. Es geht darum, dass wir uns von den Illusionen und Vergehen befreien, die derartiges Leid verursacht haben.

Kein Mensch auf der Erde ist weiter von Ihnen entfernt als Ihr Cousin oder Ihre Cousine 44ten Grades. Ihr genetisches Material ist Teil eines globalen Gewebes, und Sie sind ein Konglomerat von Fasern der verschiedenen Familien und Rassen, die innerhalb unserer Gattung zusammengewoben wurden. Was immer Ihre Ahnen unternahmen, meine waren gleich neben ihnen. Weder Sie noch ich beanspruchen irgendeinen Anteil an den schrecklichen Ereignissen, doch in unseren tiefsten Winkeln sind wir Teil davon. Wir haben sie geerbt und nur wir können sie heilen!

Wir können den versteckten Hass suchen und ihn aus unserer DNS herausholen. So werden die Kinder unserer Kinder den Samen menschlicher Schwäche nicht mehr in sich tragen. Wenn man die historischen Ereignisse im Leben seiner Vorfahren entdeckt, erlebt man das gleiche Mitgefühl, wie wenn man weiß, was den Mörder veranlasste, zum Mörder zu werden, den Eroberer zum Eroberer oder das Opfer zum Opfer.

Aus geistiger Sicht geht es nicht so sehr darum, die Taten unserer Vorfahren zu rechtfertigen oder zu verteidigen, sondern zu erkennen, wie wir die Menschheit verändern können, indem wir den Teufelskreis der Wiederholung aus der Welt schaffen. Wenn Sie Ihre Familiengeschichte durchgehen, gehen Sie ebenso meine Geschichte durch. Dafür danke ich Ihnen von Herzen.

Wir werden als kollektive Körperschaft die Portale globaler Vererbung durchschreiten. Das genetische Reservoir der Menschheit ist eigentlich sehr klein und Veränderungen in einer Gruppe beeinflussen immer das Ganze. Über unser Bewusstsein können wir neu definieren, was es für uns bedeutet, uns so ähnlich zu sein.

Indianer benutzen traditionell die Trommel, um die Energie der Gruppe in einen einzigen Herzschlag zu bringen. Das ist genau das, was wir jetzt auf globaler Ebene tun müssen. Es bedeutet nicht, dass wir als Menschen homogenisiert zu werden brauchen, sondern dass wir uns als Gattung aufeinander einstimmen können. Indem wir das tun, bringen wir unsere Welt ins Gleichgewicht und unser neues globales Bewusstsein wird uns eine Myriade von Möglichkeiten weit über unser gegenwärtiges Fassungsvermögen hinaus eröffnen. Was braucht es, damit wir diese kolossale Stufe des Menschseins erreichen? Die Bereitschaft, an Dr. Spocks Auftrag teilzunehmen: »zum Nutzen des Ganzen«.

Zu einer Sinnesänderung, die uns gestattet, wieder mit anderen Menschen Kontakt aufzunehmen, kommt es oft dann, wenn ein tragisches Ereignis unsere Urteilsmonologe unterbricht und wir für die Leiden der anderen Mitgefühl empfinden. Wir sind zutiefst dankbar, dass uns das gleiche Schicksal erspart blieb. Die Güte des Menschen spielt dabei eine Rolle und wir wollen uns denen zuwenden, die den heftigen Schmerz erleiden, dem wir entronnen sind.

Wir sind dabei zu entdecken, dass das, was einem geschieht, tatsächlich allen geschieht. Jede tief greifende Erfahrung einer Gruppe oder eines Ortes breitet sich über die
psychogenetischen Radiowellen aus und löst bei anderen eine
entsprechende Reaktion aus, obschon sie möglicherweise von
den Zusammenhängen keine Ahnung haben.

Mutter Erde gibt uns ein wunderbares Beispiel dafür, wie
dies funktioniert. Die Umweltverschmutzung verbreitet sich
ungehindert von vorgefassten Meinungen in Bezug auf na-
tionale Grenzen. In der Vergangenheit waren wir einfach
ungehalten, wenn ein Nachbarstaat oder -land etwas Um-
weltunverträgliches tat. Jetzt aber müssen wir uns der er-
schreckenden Tatsache stellen, dass Umweltsünden uns alle
beeinträchtigen. Es gibt keine unbeteiligten Zuschauer; wir
sitzen alle im gleichen Boot.

Wir haben entdeckt, dass eine Atomexplosion in Russ-
land oder im Südpazifik invasive Kräfte freisetzt, die sich an
vollständig entgegengesetzten Enden der Welt auswirken.
Der in Brasilien gerodete Regenwald beeinflusst das Wetter
auf dem ganzen Erdball. Die Natur hat den Menschen bewusst gemacht, wie wichtig es ist, miteinander ins Gespräch
zu kommen. Sie lehrt uns, dass das wichtigste aller Gespräche
die Auseinandersetzung mit unserem Platz auf der Erde als
Ganzes ist.

Die großen Erdölteppiche, die nach einem Leck unsere
Meere verpesten, oder der Reaktorunfall in Tschernobyl haben jeden Zweifel darüber aufgehoben, dass wir im Fall un-
vorsichtiger Handlungen Einzelner alle das gleiche Schicksal
erleiden. Aus diesen Widrigkeiten hat sich aber auch etwas
Gutes ergeben: Menschen haben sich über Grenzen und Ab-
gründe von Unterschieden hinweggesetzt und einander ge-
holfen. Durch unsere Zusammenarbeit haben wir Achtung
und Anteilnahme gelernt. Diese anscheinend isolierten Fälle

von Zusammenarbeit bereiten uns auf die unvermeidbare Zukunft einer globalen Familie vor.

Persönlich vermute ich, dass Mutter Natur die ganzen Dramen inszeniert, um uns zu lehren, wie wir miteinander auskommen können. Wenn die Menschen den grundlegenden Spielplan nicht begreifen, wird sie uns schließlich einfach entfernen. Die Zeit ist auf ihrer Seite. Wandel ist ihr Maßstab.

Indem die Welt zu einer globalen Nachbarschaft zusammenschrumpft, werden wir uns schmerzlich der gegenseitigen Alltagswirklichkeit bewusst. Wir können uns kaum mehr abwenden von Hunger, Katastrophen oder Krieg. Es wäre unmöglich zu behaupten, wir wüssten nicht, was in anderen Teilen der Welt geschieht, wo uns doch alles über Satellit direkt ins Haus übertragen wird.

Meine Schüler an der Nizhoni-Schule benutzen ihre intuitiven Fähigkeiten, um Weltereignisse auf präkognitiver Ebene zu erkennen. Unsere Körper sind wie Geigerzähler, die Veränderungen in der Erdbewegung, des atmosphärischen Drucks, ja sogar Gewalttaten von Menschen erkennen. Die Nizhoni-Schüler stimmen sich dann ein auf die Empfindungen und reagieren, indem sie dem Ort oder dem Menschen, bei dem das spezifische Ereignis abläuft, Farbe senden.

Ich habe vor vielen Jahren entdeckt, dass mein Leib 24 bis 48 Stunden vor einem Erdbeben auf ganz bestimmte Art und Weise zu »schwappen« begann, was mir nahezu Übelkeit verursachte. Viele Menschen erleben verschiedene Arten von Phänomenen als Reaktion auf die Erde. Es ist interessant, dass das Sonnengeflecht oder Solarplexus der Sitz des Emotionalkörpers ist. Er befindet sich im Bereich des Magens und des Nabels. Sein Nervenganglion deutet Notsignale, die es empfängt, egal ob es sich um die Instabilität der Erde oder die Angst einer anderen Person handelt, und sendet sie über den Vagus zum Gehirn, das eine Reaktion herbeiführt.

Unsere psychogenetischen Kanäle führen uns in Wirklichkeiten, die von emotionalen Strömen geformt werden. Wir müssen dringend lernen, wie wir sie einsetzen können, um uns miteinander und mit allen Lebensformen der Natur zu verbinden. Alle Menschen erleben die gleiche Spanne von Emotionen: Lachen, Tränen, Leidenschaft und Frieden sind die Währungen des Lebens im Austausch zwischen Familien und Gemeinschaften.

Das größte Geschenk der Menschheit ist das Erleben der Macht der Gefühle, der Macht des menschlichen Herzens. Die Schwierigkeit besteht darin, dass unsere Beziehung zu unserem Emotionalkörper auf Angst und Sehnsucht aufbaut statt auf der bewussten Energie unserer höheren Emotionen, die uns mit Zuständen absoluter Gnade in Verbindung bringen würden. Die Menschheit stößt an eine stumme Mauer, die die grenzenlose kosmische Liebe versteckt, die hinter dem Schleier sanft zu uns flüstert. Wir wissen, dass sie dort ist, doch finden wir keinen Weg, sie persönlich zu erleben. Wir haben das Einssein unserer Seele vergessen und überführen deshalb jede Erfahrung in einen persönlichen Besitz. Wir versuchen sie in unseren Beziehungen zu finden und können sie uns nicht als eine Kraft vorstellen, an der alle Menschen teilhaben. Und doch ist es so! Dies ist einer der globalen Aufträge, den wir in kommenden Zeiten erfüllen müssen.

Unsere ganze Erde befindet sich in einem Prozess der Mutation, der Wandlung. Wir selbst sind Mutanten. Wir müssen furchtlos erkennen, wer wir sind, und uns mit der Ekstase und dem Vergnügen, uns mit der Schöpferkraft zu verbinden, am großen kosmischen Spiel beteiligen. Jede genetische Mutation birgt in sich die Möglichkeit einer genetischen Erleuchtung, die zur leitenden Kraft der Evolution werden kann.

Unserer globalen Familie sind äußerst feine neue Frequenzen verfügbar. Friede ist eine Energie, die seit vorhistorischer Zeit nicht auf unserer Erde vorhanden ist, oder nur bei Gruppen von Lichtwesen und in den Engelsbereichen bekannt war. An der Nizhoni-Schule sagen wir: »Friede ist eine Wahlmöglichkeit.« Wir meinen damit, dass die Schwingung des Friedens ein Crescendo werden könnte, das sich aus individuellen Stimmen zu einem kollektiven harmonischen Gesamtklang aufbaut. Wenn wir uns einmal für den Frieden entschieden haben, müssten wir lernen, ihn willentlich zu aktivieren und zu leben. Innerer Friede ist der Anfangspunkt. Er ist nicht etwas, auf das wir warten müssen, bis es uns jemand anderes bringt. Er ist in jedem von uns vorhanden.

In der Vergangenheit meinten wir, Friede sei ein Geisteszustand, der sich nur durch Alleinsein erreichen lasse. Die Zeit ist gekommen zu erkennen, dass er etwas ist, was wir durch unsere eigene friedliche Natur mit anderen teilen können. Friede ist keine statische Kraft; Friede ist eine Wesensenergie, die aus unserer geistigen DNS geboren wird. Wir können nicht nur Zugang finden zu unserem inneren Frieden, mehr noch, wir können ihn in unsere genetischen Matrizes einbringen, so dass er an unsere Nachfolger weiter vererbt wird.

Friede hat viele Facetten und man kann ihn auf viele verschiedene Arten wahrnehmen. Bei jeder Bewusstseinsübung, mit der man Zugang zu ihm sucht, kann man ihn anders erleben.

Frage deinen Körper, wo er die Energie des inneren Friedens gerade jetzt festhält.

Bring dein Bewusstsein an jene Körperstelle und lass dich vom Frieden umfangen.

Stell dir vor, dass die Energie, die du jetzt spürst, deinen ganzen Körper durchflutet. Stell dir vor, sie werde dem »Zellgeist« jeder einzelnen der Trillionen Zellen in deinem Körper eingeprägt.

Genauso wie Sie strahlend weißes Licht wie einen Laser auf Ihre DNS richten können, um eine Eigenschaft zu ändern oder zu aktivieren, können Sie den Friedenspunkt an seinem Ort auf der DNS initialisieren und ein Geschlecht friedfertiger globaler Wesen begründen. Jedes Mal, wenn wir durch unser Bewusstsein einen friedlichen Zustand bewirken, wird er über den Äther über die Erde und sogar in die Atmosphäre hinausgetragen.

All unsere Gedanken und Taten streuen den Samen für die nächste Welle der Menschheit, genauso wie unsere Ahnen den Samen für uns säten. Haben Sie sich jemals überlegt, dass die Genialität der bedeutendsten größten Wesen auf der Welt Ihnen über die kollektiven Kanäle des globalen Erbes verfügbar ist? Die großen Denker, Musiker, Wissenschaftler und Heiler haben uns das Vermächtnis ihres Atems und ihres Bewusstseins hinterlassen. Wir müssen uns nur auf die Schwingungen einstellen, die deren energetische Eigenschaften unterstützen, um die Inspiration zu erlangen, die sie uns vorführen. Jeder Mensch, den Sie bewundern, dient als Bauplan, den Sie Ihrer eigenen psychogenetischen Gestaltung anpassen können.

Betrachten Sie Ihre höchsten Attribute und guten Eigenschaften. Was ist das Großartigste an Ihnen? Sind Sie mitfühlend? Lieben Sie die Menschen? Was möchten Sie gerne auf der Welt verbreiten? Stellen Sie sich vor, dass Sie diese Energien aussenden, um deren Samen auf unserer Erde zu verteilen.

Wir sind eine Seelengruppe, die sich gegenseitig und diesen kritischen Zeitrahmen ausgewählt hat, um den Wandel herbeizuführen, der uns allen einen Platz in der Zukunft sicherstellt. Es ist entscheidend, dass wir uns als Menschheitsfamilie zu sehen beginnen.

Wie wird das Schicksal der Menschheit sein? Wir schaffen es uns selbst in diesem Augenblick.

Wir schaffen die Kodierung für zukünftige Generationen, die jetzt auf uns zukommen, genau wie das Licht in diesem Augenblick aus dem Kosmos zu uns kommt. Es wird leichter für uns sein, wenn wir spüren, dass wir anderen etwas geben können, wenn wir erleben, dass wir selbst von der höchsten Quelle neue Energien erhalten. Das Licht weckt unser Bewusstsein, unser Dasein und unsere Seele.

Unser Schicksal wird das Ergebnis unserer Entscheidungen sein. Dass wir die Freiheit der Wahl haben, ist das kostbarste Geschenk des Menschseins!

11. Kapitel

DER LEBENSBAUM

Ich sehe das Meer immer als unsere Mutter, denn es war der große, feuchte Schoß des ersten Zelllebens. Doch das Meer selbst wurde von der Erde geboren. Mutter Erde gebar uns als Einzeller vor etwa vier Milliarden Jahren. Wir wurden gezeugt durch die Verschmelzung der Elemente und deren Verwandlung in lebende Strukturen aus DNS-Strängen und bis jetzt sind wir die Wunderkinder jener einzigen Quelle.

Die Elemente, die miteinander verschmolzen und das Leben formten, umgaben uns mit einer Art vitalem Medium, das die Entwicklung unserer wunderbaren Formen nährte. Unser »Lebensbaum« wuchs aus den reichen Uranfängen unserer Erde und streckte sich nach oben, wobei er auf die sich ständig wandelnden Strukturen des Lebens auf der Erde reagierte und sie änderte.

Heute enthält diese unendliche Vielfalt immer noch einen genetischen Faden aus wesentlichen Bestandteilen, die uns über die Jahrtausende mit unseren gemeinsamen Vorfahren verbinden. Erst vor etwa 200 000 Jahren trat unsere Spezies, der *Homo sapiens sapiens*, mit einem neuen Bewusstsein auf den Plan der erfolgreichen Arten.

Unsere phantastische Geschichte zeichnet den Lebensbaum von den einfachen Anfängen als Algen über die glückbringenden Mutationen bis hin zur Gegenwart nach. Irgendwo im Puls des Kosmos meldete sich eine neue Selbstwahrnehmung und wir begannen zu »denken«. Das war der Anfangspunkt des Anspruchs, wir seien etwas anderes, Höheres als alle übrigen Lebensformen. In einer absurden Selbsttäuschung sind wir Menschen zur Überzeugung gelangt, wir seien die einzigen Wesen auf der Erde, ja sogar im ganzen Universum, die über Bewusstsein verfügten. Viele Leute glauben, Gott habe uns diese besondere Gabe gegeben, andere glauben, wir seien das Ergebnis einer »Befruchtung« der Menschheit durch höher entwickelte Wesen aus dem All. Wer immer uns das Bewusstsein gegeben haben mag, wir haben noch nicht begriffen, dass diese Gabe uns einlädt, am Evolutionsprozess mitzuwirken.

Vielleicht ist jetzt der Augenblick gekommen, den Angelpunkt des Einsseins mit allem Leben zu überprüfen, damit wir den Kreis schließen und zu den Wesenszügen zurückkehren, die wir ausgewählt haben, sowie andere, die wir vielleicht verloren haben, wieder einführen. Anpassungen, die uns bei unserer Entstehung das Überleben sicherten, könnten uns wieder von Nutzen sein bei der Überprüfung der grundlegenden Aspekte des Lebens auf Erden. Indem wir holographisch durch die Moleküle und Gene den roten Faden verfolgen, können wir die phantastische Dynamik wieder hervorbringen, die uns verbindet. Jede Mutation, jede neue Gattung bietet verschiedene Entwürfe, die den kosmischen und irdischen Umgebungen entsprechen.

Ich erinnere mich, wie ich ehrfürchtig zuhörte, als mein

Sohn Britt die kosmischen Ereignisse schilderte, die der zündende Funken für das Leben auf Erden waren. Er unterrichtete Kosmologie an der Nizhoni-Schule für Globales Bewusstsein und demonstrierte die gemeinsame Herkunft aller Formen. Er beschrieb, wie das Cyanobakterium vor zwei Milliarden Jahren die Atmung erfand und wie später die erste symbiotische Beziehung entstand, indem diejenigen, die Sauerstoff verwerten konnten, von denen assimiliert wurden, die das nicht konnten.

Die Sauerstoff verwertenden Bakterien wurden zu den mysteriösen Mitochondrien, die möglicherweise die psychogenetische Schwelle aller heute bekannten Arten darstellen. Vor einer Milliarde Jahren entdeckten gewisse Organismen, dass sie überleben konnten, indem sie andere aufaßen. Jedes Ereignis schien unsere Geschichte zu wiederholen. Plötzlich erlebte ich deren Wirklichkeit, als ob es meine wäre. Tatsächlich sind sie Teil von uns allen.

Obschon die Evolution nicht nur linear in der Zeit stattfand, könnten wir sehr viel gewinnen, wenn wir unser genetisches Format wieder in unserer Entwicklungsgeschichte verankern könnten. Wir haben die drei Lebensbereiche sorgfältig studiert – das Mineral-, das Pflanzen- und das Tierreich, also alle Pflanzen- und Tierarten –, aber wir haben kaum begonnen, uns die verworrenen Koordinaten vorzustellen, die sie untereinander haben. Wir erkennen die feindlichen und die symbiotischen, die abhängigen und die distanzierten Beziehungen, die zwischen den Lebensformen bestehen. Wir haben sie systematisiert, kategorisiert und beschrieben, doch haben wir uns noch nicht in die Erforschung der einfachsten und offensichtlichsten Bedeutung ihrer Relativität vorgewagt.

Jenseits der Barrieren unserer Verschiedenheit liegt eine gemeinsame Wesenheit, die das Potential zur Gemeinschaft

enthält, das wir noch nicht erforscht haben. Ob Pflanzen-
oder Tierwelt – wir sind alle aus Kohlenstoffatomen gemacht,
die uns wie eine gemeinsame kosmische Sprache zusammenhalten, um nicht zu sagen, in echter gegenseitiger Abhängigkeit halten. Diese Sprache ist die Geschichte unserer Evolution aus der ersten Ursuppe des Lebens. Sie enthält die
Kodierungen für Trillionen von Anpassungen, die das Überleben jeder einzigartigen Lebensform prägten.

Eingeschlossen in die Wirklichkeit unserer eigenen Gattung ist uns nie in den Sinn gekommen, dass wir die Mutationen und Adaptationen anderer borgen könnten, um unsere eigenen Überlebensfähigkeiten zu fördern. Weil wir von
der Struktur her anders sind, haben wir nicht erkannt, dass
wir über die genetischen Vorgaben hinausgehen könnten zu
den Schwingungsebenen der Essenz und so die Sequenzen
neu konfigurieren, die zu bestimmten Fähigkeiten gehören.

Vor Jahren dachte ich darüber nach, wie man eine Kopie
der von Grashüpfern unter Verstrahlung produzierten Enzy-
me herstellen könnte. Ich überlegte, wie wir daraus dann einen Impfstoff für uns schaffen könnten, um gegenüber den
ständig höheren Strahlungspegeln auf unserer Erde immun
zu werden.

Nun bin ich mir absolut sicher, dass wir die genetische
Kodierung direkt, ohne mühselige technische Methoden anheben können. Wie lässt sich das machen? Durch eine Art
»Gattungssprache«, bei der wir unsere genetische Verwandtschaft mit den Grashüpfern oder anderen Arten, die eine
derartige Strahlungstoleranz entwickelt haben, über den Lebensbaum anzapfen und sie in unsere eigene Genchemie
rückübertragen.

Es wäre eine biochemische Sprache aus Licht und elektri-
schem Fluidum, die von allen Lebewesen im Tier- und
Pflanzenreich gesprochen wird. Wenn wir glauben, es sei

unmöglich, mit anderen Arten zu kommunizieren, dann hindert uns nur die Begrenztheit unserer Gedankenprozesse daran. Unsere genetischen Sprachen sind grenzenlos kompatibel!

Mutter Erde beeinflusst unsere Entwicklung, indem sie uns neue, subtile, in ihrem unendlichen Leib aufgehobene Geheimnisse erfahren lässt. Durch Öffnungen in der Erde und am Himmel erhalten wir Energien und Botschaften von anderen Lebewesen. Deren fließendere Beziehung zu den Mächten der Natur gestatten ihnen, uns kosmischen Gesetzen auszusetzen, die wir noch nicht verstehen. Doch indem wir sie wahrnehmen, werden wir inspiriert, die Mysterien des Universums eingehender zu untersuchen. Und wenn wir dies tun, wird unsere gegenwärtige tiefe Verzweiflung von uns abfallen und wir werden in einen ganz neuen Partnerschaftszyklus mit der Natur treten.

Die Möglichkeiten sind quantenmäßig und exponentiell! Wir haben immer gewusst, dass Lebewesen intelligente Gespräche aus anderen Mitgliedern des Tier- und Pflanzenreichs hervorlocken können. Deren Reaktionen sind mit elektronischen Instrumenten gemessen worden und die Messungen ergaben klar, dass unsere Weltanschauung des Getrenntseins keine Berechtigung hat.

Kinder und medial Begabte haben schon immer über die Kommunikation mit anderen beseelten und unbeseelten Gattungen gesprochen. Ich glaube, dass sie über ihre Emotionalfelder Zugang zu den biochemischen Koordinaten finden, die dann den Hintergrund für die Übersetzung bilden. Als ich entdeckte, dass die Genstruktur biochemisch ist, erkannte ich den Schlüssel zur tief greifenden Macht der Emotionen.

Ich bin sicher, wenn Sie ein Haustier haben – ob Hund, Kanarienvogel oder Fisch –, haben Sie bestimmt schon emp-

funden, dass es auf unheimliche Weise Ihren emotionalen
Zustand spürt. Sie haben vermutlich mindestens ein Erlebnis, das Ihnen zeigte, dass Ihr Haustier Ihre Energie wahrnahm und Sie zu trösten versuchte. Manchmal benehmen sie
sich dann seltsam, als ob sie gezielt versuchten, Sie aufzuhei-
tern. Es ist, als ob man wüsste, was unsere Tierfreunde uns
sagen wollen – und umgekehrt.

Über die Psychogenetik können wir unsere Kommunikation innerhalb der bewussten Artengenetik auf eine neue
Schwingungsebene anheben, auf der entscheidend wichtige
Informationen ausgetauscht werden können. Was können
wir sonst noch lernen und dann anwenden?

Es gibt eine Menge großartiger Lebensformen, die uns
viel lehren können. Die Wale sind für mich inspirierend. Ich
frage mich, wie sie über die Feindseligkeit hinausgewachsen
sind und was ein Hirn wahrnimmt, das nie vollständig
schläft. Die Wale entwickelten sich zwei Millionen Jahre vor
uns und bildeten ein Gehirn heraus, das im Wesentlichen wie
unseres ist, aber zudem über holographische Wahrnehmung
verfügt. Ihr Ultraschallbewusstsein führt mit multidimensionalen Welten Dialoge. In ihrer Gegenwart empfinde ich
die Unermesslichkeit einer Bewusstheit, die nicht vom Gesichtsinn abhängt, sondern die so ausgedehnt ist, dass sie uns
in die Weiten des Alls entführt.

Stellen Sie sich einmal vor, was wir tun könnten mit den
Anpassungsinformationen, die andere, bemerkenswerte Arten entwickelt haben. Es heißt zum Beispiel, dass Seeanemo-
nen nie altern. Wie machen sie das? Viren können angesichts
feindlicher Energien ihre DNS verändern. Lassen wir uns
von ihnen belehren! Was hören Delphine tatsächlich? Wieso
wissen Hunde und andere Tiere, wann ein Erdbeben bevor-
steht? Und so weiter und so fort.

Ich staune über die wunderbare Erfindung der Blaualgen,

unserer Urvorfahren, die Entdeckung des Wunders der Photosynthese und der Nutzung von Gasen, die uns Sauerstoff und somit das Leben gaben. Ihre Fähigkeit, Kohlendioxyd aufzunehmen und Sauerstoff abzugeben, veränderte die Atmosphäre auf der Erde. Was für eine großartige Errungenschaft für einen anscheinend primitiven Organismus!

Vor mehreren Milliarden Jahren verdichteten sich die Blaualgen zur wahren Wurzel unseres Lebensbaums. Aus dieser Quelle ist jede andere Lebensform entstanden, von den Blumen bis zu den Insekten, den Säugetieren und dem MENSCHEN. Die Blaualgen vermitteln uns die Verbindung zu Viren, Pflanzen und Tieren, weil sie die Vorläufer von allen sind. Sie könnten auch die beste Informationsquelle sein für Angaben über Algenkolonien im ganzen Universum!

Wir wissen, dass wir von den Blaualgen abstammen, aber wir empfinden diese Tatsache mehr als fachliche Information denn als Beziehung. Tatsächlich können wir kaum einen Zusammenhang mit etwas anderem als unseren Mitmenschen anerkennen, und sogar damit tun wir uns schwer. Vielleicht stammt unsere schwache Kommunikationsfähigkeit aus unserer Gewohnheit des Zweckdenkens. Wenn wir nicht sehen, was wir von jemandem erhalten könnten, interessiert es uns nicht. Unsere Einstellung hat uns einsam und von den unendlich vielen Lebensformen und Lebewesen, die unsere Welt bereichern könnten, isoliert gemacht.

Wie wäre es, wenn wir die Geheimnisse der Algen entschlüsseln könnten! Sie würden sich nicht dagegen wehren, sie mit uns zu teilen, da wir das Vermächtnis ihrer »Unsterblichkeit« sind. Tatsächlich stehen uns die Genome jeder Lebensform zur Verfügung, aber wir haben bis jetzt nicht gewusst, wie wir fragen müssen, damit sie uns den genetischen Code in Bezug auf Form und Funktion enthüllen. Wir haben den vorläufigen Zenit unserer Gattung erreicht und sind bereit für einen monumentalen Entwicklungssprung zu einer neuen Art von Homo sapiens.

Womöglich sind andere Arten das Verbindungsglied zu Schwingungen oder Dimensionen, die wir für unsere neuen Körper brauchen. Vielleicht setzen die Grashüpfer, die Eidechsen oder zahllose andere Spezies Dinge ein, von denen wir nichts wissen. Wir müssen unser kreatives Bewusstsein erweitern, um völlig neuartige Antworten und Wirklichkeiten zu finden.

Wir haben herausgefunden, dass die Mitochondrien der Algen über eine Art telepathischer Blitze von einer Zelle zur andern miteinander kommunizieren. Wir wissen, dass sie in den Zellen Adenosintriphosphat (ATP) speichern und so die Sauerstoffbrause des Lebens sind. Vielleicht besteht ein Zusammenhang mit der Tätigkeit unserer eigenen Mitochondrien. Es ist nicht unvorstellbar, dass unsere Mitochondrien die gleiche Funktion für uns erfüllen und ein Lexikon an Überlebensrichtlinien aufdecken, das für uns alle von großem Nutzen sein könnte.

Die Blaualgen entwickelten Beta- und andere Carotinkomplexe, die sie vor der im Frühstadium der Erde auf sie einwirkenden, intensiven Strahlung schützten. Auch wenn wir Blaualgen als Nahrungszusatz einnehmen (was wir tun sollten), sollten wir herauszufinden versuchen, wie wir uns auf ihre Schwingungen einstimmen und das Gleiche tun können. Erst müssen wir jedoch bereit sein, uns das vorzustellen, unser Bewusstsein auszudehnen, um die Bilder oder das holographische Wissen zuzulassen, die sich aus diesen anderen Lebensperspektiven ergeben.

Die Wale sind wohl die geeignetste Zielscheibe für einen Versuch der Kommunikation, denn sie sind Säugetiere wie wir auch und ihre Wasserumgebung ist das beste Übertragungsmedium überhaupt. Unser Gehirn besteht zu 85 Prozent aus Wasser und deshalb fällt es uns leicht, uns auf sie einzustimmen. Da das Bewusstsein der Wale mit Ultraschall arbeitet, wird unser »höherer Geist« sich zu öffnen beginnen, indem wir uns auf sie konzentrieren; dies sind unsere holographischen Hirnkoordinaten, die wir von ihnen geerbt haben. Möchten Sie es einmal versuchen?

Schließ die Augen. Atme mehrmals tief durch. Atme dann in dein Gehirn und beginne, dich auf das wässerige Element deines Gehirns zu konzentrieren. Nimm dessen fließendes Wesen wahr.

Wenn du das Gefühl hast, ganz in dein Gehirn eingetaucht zu sein, weite dein Bewusstsein aus und verbinde dich mit dem Gehirn eines Wals. Beobachte, was geschieht. (Einige Leute fangen an Töne zu hören. Andere haben das Gefühl, ihr Kopf drehe sich. Wieder andere werden zu den pulsierenden Rhythmen der Sonarwellen.) Halte dich in dieser Energie auf, so lange du kannst.

Nun bitte deine DNS, dir den genauen Angelpunkt zum Ultraschallbewusstsein zu zeigen, das du von den Walen geerbt hast.

Bitte dein Höheres Selbst, die genaue Frequenz von weißem Licht da hineinzustrahlen, um das Erbe – jetzt! – zu aktivieren und verstärken.

Spüre, wie diese neue Energie dich umgibt und umfängt.

Ich glaube, dass das Walbewusstsein Teil unserer Zukunft, nicht unserer Vergangenheit ist. Diese Artengruppe ist wahrscheinlich derart über das Tun in der Form hinausgewachsen, dass sie in absolutem Frieden lebt. Wir können uns nicht vorstellen, was sie mit ihrem Sonarbewusstsein schafft. Es enthält keine physisch sichtbaren Bilder, sondern ist vielleicht eine Verbundwelt aus einer ganz anderen Struktur. Lauschen die Wale dem Kosmos? Sind sie von dort hergekommen? Was mich betrifft, würde ich gerne etwas von ihren Welten erfahren!

Das holographische Bewusstsein ist eine Anpassungsmaßnahme, die wir für die Zukunft unbedingt brauchen. Der Gesichtsinn ist etwas Wunderbares, aber er lässt gleichzeitige Wirklichkeiten, die wir Menschen nutzen müssen, außer Acht – es sei denn, wir entwickeln ein mehrdimensionales, transparenteres Gesichtsfeld, das uns die Welten innerhalb anderer Welten, die wir nur erahnen, sichtbar macht. Die Zukunft des Heilens und der evolutionären Anpassung ist das Bewusstsein!

12. Kapitel

FEEN-, ENGELS- UND GALAKTISCHE DNS

Durch das Aufreißen der Schleier der Unsichtbarkeit sind wir mit der unerklärlichen, doch unzweifelhaften Existenz unendlich weiter entwickelter Lebensformen als unsere konfrontiert. Wir sind fasziniert und gleichzeitig fürchten wir, dass es Wesen geben könnte, die mehr Macht als wir haben und diese eventuell missbrauchen. Wir stellen sie uns als Monster und Außerirdische vor, doch bei all unseren Beschwörungsversuchen ist uns nie in den Sinn gekommen, dass wir mit ihnen verwandt sein könnten!

Indem wir beginnen, in unser Sonnensystem zu reisen, wird offensichtlich, dass, was immer dort draußen ist, an unserer Erschaffung mitgewirkt oder unsere Evolution auf wundersame Weise beeinflusst hat. Wir haben von jeher darauf bestanden, dass alles und jeder auf Erden hier entstanden sei. Tatsächlich ist der Kosmos voller Energien, die auf dem Weg sind von einem Ort zum anderen. Ob sie bei einer Explosion von einem Stern weggeschleudert wurden oder in der

genetischen Matrix einer anderen Lebensform zur Ruhe gekommen und Wurzel geschlagen haben, die kosmische
Brühe, aus der das reiche Spektrum von Lebensformen entstand, wurde dabei gerührt.

Unsere geliebte Erde enthält die gleichen Kohlenstoffkern-
atome, die alles Leben innerhalb unseres Sonnensystems
miteinander verbinden. Sie enthält somit auch die Möglichkeit, dass Kohlenstoffstrukturen von woanders sich hier anpassen und sich bereits angepasst haben. Sind wir das Ergebnis einer derartigen Verpflanzung? Noch kann es keiner mit
Bestimmtheit sagen.

Die Grenze zwischen der körperlichen und nichtkörperli-
chen Welt war für uns immer verwirrend. Wir können uns
außerhalb der dritten Dimension keine Lebensform vorstellen, die DNS-Trägerin wäre. Wenn wir nicht durch unsere
Mikroskope blicken, um die beiden miteinander abzuglei-
chen, verstehen wir das Konzept der biochemischen Muster
der DNS Moleküle nicht, doch sie sind vorhanden. Sehr
wahrscheinlich verhalten sich biochemische Energien in
astralen oder kosmischen Frequenzen anders, als wenn sie an
die energetischen Gesetze der dritten Dimension gebunden
sind.

Als unsere gemeinsamen Vorfahren geben uns die Algen
Zugang zu allen anderen Reichen. Stellen Sie sich einmal die
zahllosen genetischen Möglichkeiten vor, die in allen Dimensionen und im Kosmos existieren. Unsere menschliche Gen-
matrix ist mit Feen-, Engels- und galaktischen DNS-Codes
verflochten, die die gesamte Skala der astralen Dimension bis
hinaus in den Kosmos umspannt. Diese drei Reiche waren
seit Urzeiten Bestandteil unserer Evolution und wir können
sie nun durch die Bullaugen unseres Höheren Bewusstseins
wahrnehmen.

Wir alle haben ein Erbe aus einer Kombination von Feen-,

Engels- und galaktischen Zügen. Ich habe einige der vorherrschenden physischen Indikatoren in meinem Buch *Der Körper als Ausdruck der Seele* beschrieben. Es ist erstaunlich, in den Spiegel zu blicken und uns auf eine Art und Weise zu sehen, die mehr als nur menschliche Züge umfasst oder die Auslegung dessen, was wir sind.

Wenn wir unsere emotionale und geistige DNS erkennen, fällt es uns leichter, auch spezifische Eigenschaften aus dem Feen-, Engels- und galaktischen Reich zu erkennen. Deren Attribute können als Angelpunkte oder Schnittstellen dienen, die uns besondere Fähigkeiten verleihen oder sogar latente Aspekte, die zu einem bestimmten Zeitpunkt in unserem Leben reifen.

Ohne zu wissen, wie oder wieso, finden wir uns umgeben von deren verstärkenden Kräften. Wir sind bereit, sie zu empfangen und zu lernen, was sie uns über unser kosmisches Erbe und über uns selbst zu lehren haben.

Können Sie sich vorstellen, dass Sie mit irgendeiner dieser drei Gruppen eine Verbindung haben? Viele Leute fühlen sich sehr erleichtert, wenn sie wahrnehmen, dass diese Erkenntnis ihre starke Sehnsucht, ja sogar Vertrautheit mit diesen anscheinend abstrakten Energien erklärt. Antworten auf seltsame oder verwirrende Erfahrungen tauchen auf, wenn wir unsere Beziehung zu diesen Reichen erforschen.

Da wir nun die zusammenführende strukturelle Matrix der DNS aufgedeckt haben, können wir damit beginnen, unser Bewusstsein auf die Schnittstelle zwischen Feen-, Engels- und galaktischen Lebensformen und uns zu richten. Obwohl wir keine technischen Methoden haben, um die Konvergenz unserer DNS zurückzuverfolgen, ahnen wir doch unsere Verwandtschaft mit ihr. Tatsächlich ist uns deren kodiertes Quellenmaterial eingeimpft. Jede dieser Lebensformen hält besondere Gaben für uns bereit, wenn wir

gewillt sind, unser Bewusstsein auf ihre Frequenzen auszudehnen.

Das Feenreich besteht aus dem Geist der Natur. Naturge-
setze werden von den Feenwesen angewandt, die imstande
sind, alle natürlichen Phänomene zu beeinflussen. Das Feenreich dirigiert das Wetter, die Kommunikation zwischen verschiedenen Arten und die Naturgewalten. Es lehrt uns, wie in
alten Zeiten wieder mit Naturgeistern in Beziehung zu treten,
und diese Wesen werden uns lehren, wie wir mit unserer Erde harmonieren können, während sie sich selbst auf höhere
kosmische Schwingungsebenen hinbewegen.

Die Engel sind unsere Cousins und stammen aus den
höchsten Ebenen der Astraldimension. Deshalb fühlen wir
uns ihnen derart verwandt. Über unsere irdischen Feenver-
bindungen sind wir mit der Astraldimension sehr vertraut.
Obschon sie außerhalb von Zeit und Raum liegt, enthält sie
die dunkelsten habgierigsten Energien, aber genauso die
glückseligen Himmelsgefilde der Engel. Wir träumen von
beidem, weil beides Teil unseres menschlichen Repertoires
ist.

Von den Engeln können wir Mitgefühl und die höheren
Beziehungspotentiale lernen, die ihre Wurzeln in geistigen
Gesetzen haben. Im kommenden Jahrtausend werden wir die
Engel freilassen, damit sie sich aus der Astraldimension
hinausentwickeln können und auch wir Zugang zu diesen
höheren Energien finden.

Die galaktischen Reiche sind die kosmischen Fenster, welche die menschliche Entwicklung am meisten beeinflussen
können. Die starke Häufung von Kontakten mit außerirdi-
schen Wesen ist notwendig, damit wir erkennen können, dass
die Erde Teil eines unendlich größeren Ganzen ist. Nahezu
jeden Tag hören wir von neuen Entdeckungen, die bestätigen, was gestern erst als Mythos galt. Sichtungen von Raum-

schiffen in Brasilien beispielsweise scheinen plausibler im Lichte neuester Erkenntnisse von Lebensanzeichen auf anderen Planeten.

Derartige Wesen sind auch früher schon in günstigen Augenblicken erschienen und haben unsere Evolution angeregt. Sie sind jetzt wiedergekommen, weil wir für einen Katapultsprung bereit sind. Die Veränderung findet jedoch nicht außen statt, sondern in uns selbst. Unsere DNS ruft diese Wesen über die Resonanz unserer eigenen, ähnlichen Frequenzen herbei. Sie sind tatsächlich in uns! Wir sind sie – in Menschenform.

Sowohl das Bedürfnis dazuzugehören, als auch die tiefe Sehnsucht nach etwas jenseits unserer Wirklichkeit sind unsere ganze Entwicklungsgeschichte hindurch Themen der Menschheit gewesen. Wir hungern nach Zugehörigkeit zu unserer Menschenfamilie und empfinden dennoch eine seltsame Sehnsucht nach einer Beziehung zu diesen galaktischen Welten. Die einfache Wahrheit ist, dass wir sowohl zur Erde als auch zu den Engeln und Bereichen darüber hinaus gehören!

Ungefähr seit 1975 ist es zu einem riesigen Erwachen auf der Erde gekommen, bei dem eingekapselte Erinnerungen, die in Blutkristallen einkodiert sind, sich entzündet haben. Kinder, die zu jener Zeit und danach inkarniert haben, bringen weniger Karma und ein weiteres Bewusstseinsfenster mit sich, um ihren Lebenszweck zu unterstützen. Sie sind bereits die Vorläufer des neuen Menschen. Was diese Kodierungen beinhalten, ist überwältigend!

Wir steigen auf aus einer dunklen Grube, in der wir nur die Schatten unserer drängendsten Ängste sahen. Plötzlich hat unser Bewusstsein die Möglichkeit erkannt, dass wir die Lösungen für unsere irdischen Probleme über die Schnittstelle zwischen unserer begrenzten Wirklich-

keit und den Bereichen kosmischer Quellen finden können.

Es bedeutet nicht, dass eine übergeordnete Gruppe unsere Dilemmata lösen wird, sondern wir werden unsere Angelpunkte aktivieren, die uns den Zugang zu anderen Dimensionen und Frequenzen gewähren und so unser erweitertes
Bewusstsein einsetzen können, um holographisch Fragen
und Antworten zusammenzubringen. Wir werden eine neue
Art von Wahrheit erkennen.

Bisher sah unsere Version der sequenziellen Wirklichkeit
so aus, dass alles »Lebendige« zu einem Abschnitt zwischen
Eintritt und Ausgang gehörte, das heißt Geburt und Tod. Es
ist revolutionär, wenn man begreift, dass nicht alle Lebensformen sich so verhalten. In anderen Dimensionen kann das
manifestierte Bewusstsein Jahrtausende überspannen, die
Form ändern oder in bereits bestehende Körper eingehen. Es
kann eine bestimmte Form annehmen, einfach als Aspekt
beim Durchlaufen verschiedener Dimensionen. Diese Wesen sind nicht wirklich an ihre Körper gebunden, sondern legen sie sich für bestimmte Zwecke um. Dies gilt auch für uns;
wir haben nur noch nicht begriffen, wie wir damit umgehen
sollen.

Viele Wesen haben die Fähigkeit, Moleküle zu konkreten
Formen neu zusammenzusetzen und sie bei Bedarf wieder
aufzulösen. Feen und Devas tun dies mit besonderer Leichtigkeit, obschon das Gleiche auch für andere Reiche gilt.

Ein Baumgeist benutzt vielleicht die fließende Form der
Säfte, um eine Form heraufzubeschwören, die den Baum unterstützt, und kehrt dann über einen »Schmelzprozess« wieder
zur einfachen Substanz zurück. Tatsächlich ist dies das gleiche Verfahren, wie wenn wir uns verkörpern, wobei es zu einer Art Molekülmarkierung des kosmischen Bewusstseins
kommt, das sich in Menschengestalt formiert. Tatsächlich

sind wir göttliche Quintessenz, die Menschenform annimmt, um etwas zu erleben, das die Seele weiterentwickelt.

Weil wir diesen Prozess nicht verstehen, halten wir diese Erlebnisse oft für Anzeichen einer Geisteskrankheit. Wir bezeichnen Leute, die Stimmen hören oder Dinge sehen, die nicht zu unserem Reich gehören, als schizophren. Doch diese Energien existieren vielleicht tatsächlich; sie stammen womöglich einfach aus einer anderen Dimension. Der Unterschied zwischen Krankheit und dieser wertvollen Feinfühligkeit besteht in der Qualität der Energie. Bei negativen Energien sind diese Menschen in einer schrecklichen psychischen und emotionalen Falle gefangen und brauchen Hilfe. Wenn die Energien informativ und unpersönlich sind, haben die Menschen ein Talent, das geschult werden muss.

Die Saat höherer Frequenzen wird das Potential aller Menschen verändern. Und in dem Maße, in dem unsere Kinder Fähigkeiten entwickeln, die wir selbst nicht angewendet haben, werden auch wir erkennen, dass wir Dinge tun können, von denen wir nie zu träumen wagten. Wir werden diese Fähigkeiten durch Umweltvererbung erhalten, und sie werden durch Kinder und andere Wesen höherer Bewusstheit modelliert – ähnlich wie bei den athletischen Erfolgen der letzten fünfzig Jahre, wo jede Wettbewerbsrunde einen neuen Rekord bringt und die vergangenen bricht.

Wir brauchen uns nicht vor unseren kosmischen Verwandten zu fürchten. So oder so werden wir ihnen begegnen, denn wir sind für ihre Entwicklung genauso wichtig wie sie für unsere. Tatsächlich haben wir gegenseitig unser Erbe ausgetauscht: So sicher, wie wir etwas von ihrer DNS in uns tragen, müssen auch sie etwas von uns haben. Obwohl unsere emotionale DNS ein rezessives Gen geworden ist, ist sie Teil ihres Schicksals.

Lasst uns beweisen, dass wir fähig sind, das Abenteuer des Wandels anzugehen. Das Aufregende am neuen Millennium werden die mannigfaltigen interdimensionalen und interplanetaren Entdeckungen sein. Und die Herausforderung wird darin bestehen, sie in unserer Welt umzusetzen.

13. Kapitel

BEWUSSTE GENETIK

Genetik ist in. Plötzlich hat sich ein Fenster aufgetan und wir blicken hinaus auf mögliche Zukunftszenarien, die wir uns jetzt, da wir nahe daran sind, das menschliche Genom vollständig zu entschlüsseln, vorstellen können. In der Begeisterung, unseren kollektiven genetischen Bauplan flüchtig zu erblicken, sprechen wir schon davon, wie wir ihn steuern könnten.

Wir Menschen werden nie müde, uns vorzustellen, dass wir irgendwie das ändern könnten, was uns an uns nicht gefällt, oder dass wir mühelos einen Code eingeben könnten, der uns besser macht, als wir sind. In unserer Beharrlichkeit haben wir an einer Weltsicht festgehalten, die uns in der Vergangenheit ein Gefühl der Sicherheit vermittelte, doch in der neuen Ordnung werden wir etwas brauchen, das über unsere verstockte, kurzsichtige Wirklichkeitswahrnehmung hinausgeht, wenn wir unser Überleben sichern wollen.

Die neuen Durchbrüche in der Genetik haben uns einen

günstigen Aussichtspunkt zwischen Vergangenheit und Zukunft beschert, von dem aus wir betrachten können, wer wir waren und wer wir hätten werden können, und gleichzeitig erkennen, wer wir jetzt sind. Es ist aufregend zu denken, dass eine DNS-Probe uns möglicherweise das Genom eines ganzen Wesens zeigen könnte, auch wenn dieses schon tausend Jahre tot ist. Doch ist diese Signatur tatsächlich vollständig? Das jetzt entschlüsselte Genom ist nur ein erstes Zittern, die äußere Hülle jenes Wesens. Es wird die Geschichte des Körpers erzählen, doch das tiefere, echte Hologramm des Seins liegt außerhalb der Reichweite des gegenwärtig sichtbaren Genomentwurfs.

Die Gene setzen einfach den Rahmen für mögliche Entscheidungen und Ergebnisse der Wahl einer Familie und einer Umgebung durch die Seele. Sie drücken diese Entscheidungen aus, sind aber nicht die ursprüngliche Quelle derselben. Ihre Muster bilden sich als Reaktion auf die psychogenetischen Auslöser, die das ganze Leben hindurch aktiv sind. Es handelt sich um eine festgefrorene, unabänderliche Form, die unser Wachstum wie das eines spaliergezogenen Baums bestimmt. Wir müssen uns vor der Schlussfolgerung hüten, wir seien die Gesamtsumme unserer Gene – das sind wir nicht!

Die Gefahr der Genverbindung ist die, dass wir sie möglicherweise als Beweis dafür verstehen, dass wir nicht für unser Schicksal verantwortlich und tatsächlich die Opfer eines Körpers sind, den wir uns nicht ausgesucht haben. Wir könnten sie als konkreten Beweis dafür sehen, dass wir die glücklosen Produkte unseres Erbes und unsere Unvollkommenheiten somit unüberwindliche Hindernisse sind, die uns letztendlich in den gleichen Tod führen wie unsere genetischen Verwandten.

Andererseits sehen wir vermutlich die Genmanipulatio-

nen als einzige Hoffnung, dem zu entfliehen, was uns zuge-
teilt wurde, was wir aber nicht mögen. Vielleicht fühlen wir
uns berechtigt, unser heiliges Genom jenen Leuten zu über-
geben, die unseren Forderungen nach Genersatz nachkommen, was Eigenschaften begünstigen würde, die wir wünschen oder bei unseren Kindern sehen möchten. Natürlich
haben wir keine Möglichkeit, zu beurteilen, welche anderen
Aspekte – absichtlich oder unabsichtlich – in die Gestaltung
eingeführt werden könnten. Wenn wir keine Verantwortung
für die Gestaltung unserer genetischen Signaturen übernehmen, gestatten wir auf irgendeiner Ebene eine Klonungs-
wirkung. Am Ende werden wir feststellen, dass keine dieser
Einstellungen die Antwort auf unsere Vererbung bringt.

Gentests könnten eine fatalistische Beziehung zu unseren
Körpern fördern, was uns wahrscheinlich in einem Muster
der Angst gefangen hält, da unser Körper letzten Endes unseren Tod herbeiführt. So werden wir keinen Sinn für Zusammenarbeit mit dem Körper entwickeln. Fraglos kann der
Geist den Körper beherrschen und steuern. Wir dürfen unser
Wissen um diese Zusammenhänge nicht zugunsten eines
vorbestimmten Untergangs aufgeben, dem wir nicht entrinnen zu können glauben, oder indem wir versuchen, uns
durch technische Mittel einen Ausweg zu schaffen. Letzten
Endes werden wir erkennen, dass nur WIR selbst, über unser
eigenes Bewusstsein, etwas bewirken können.

Es wäre großartig, ein Gen zu entdecken, das die Gesundheit garantiert, doch ist es viel wichtiger zu entdecken, was
ein derartiges Gen beeinflusst und wie es mit dem Rest der
Sequenzierung zusammenspielt. Es ist lächerlich zu behaupten, man müsse nur ein Gen reparieren. Wenn die Umweltvererbung nicht durch psychogenetische Kanäle verändert
wird, wird der Körper nach einer gewissen Zeit auf die
»schlechten« Gene zurückfallen.

Die Vererbung negativer Krankheitsfaktoren ist an die Bewusstheitsumgebung gebunden, die uns Verletzlichkeit gestattet. Wir erben diese Neigungen von unseren Familienkonstellationen in direktem Verhältnis zu subtilen karmischen Situationen und Themen, für die diese Krankheiten beispielhaft sind. So hat Ihre Krankheit genauso einen Bezug zu Ihren Einstellungen und Prägungen, die Sie von Ihren Verwandten durch die psychogenetische Verbindung aufgenommen haben wie zu einem nicht funktionierenden Gen.

Es ist egal, ob Sie mit einer ungeeigneten Genformation geboren wurden oder ob es später dazukam. Die Quelle der Störung liegt nicht im Gen an sich, sondern in der psychogenetischen Umwelt, die dieses Gen umgibt.

Es ist dringend nötig, dass wir von einer Praxis abkommen, in der wir den Körper nur als Summe von Einzelteilen verstehen – dazu gehört auch die Abtrennung von Genen – oder in der wir uns nur auf symptomatische Momentaufnahmen konzentrieren. Wir müssen lernen, über die holographische Intelligenz Diagnosen zu stellen und zu heilen.

Wie ich in meinem Buch *Der Quell des Lebens* geschrieben habe, »bestehen wir nicht nur aus Knochen, Blut und Fleisch; wir sind großartige Energiekanäle, die uns lachen und tanzen und leben lassen!« und auch unsere Körper bestehen nicht nur aus derartigen Äußerlichkeiten. Sie sind Licht und elektrische, fließende Form. Vor allem aber sind sie die Form des Formlosen und der Ausdruck der Relativität, die uns mit allen Menschen – vergangenen und zukünftigen – verbindet.

Die bewusste Kartographierung der psychogenetischen Pfade, die wir von unseren Familienkonstellationen geerbt haben, ist allem, was durch die Technik aufgezeichnet werden könnte, Lichtjahre voraus. Sobald wir uns dieser multidimensionalen und holographischen Aspekte bewusst sind, können wir Veränderungen vornehmen, die auf linearer Ebene unverständlich wären. Sie werden Ergebnisse zeitigen, die wir als wertvoll erleben und die unser Leben verändern werden. Ohne die Ergänzung emotionaler und geistiger DNS-Attribute können wir die Kodierung unserer genetischen Matrix einfach nicht verstehen.

Obschon das Vorhandensein emotionaler und geistiger DNS nicht wissenschaftlich bewiesen worden ist, wäre es dumm, sie nicht anzuerkennen – genauso wie es dumm ist, sich auf die Idee zu versteifen, wir seien allein im Universum, weil wir im endlosen Kosmos noch niemand anderen gesehen haben.

Wir sprechen oft von geerbtem Temperament und Charakter, aber wir haben diese Begriffe nie mit dem Konzept emotionaler DNS in Verbindung gebracht, weil wir keine Instrumente hatten, um dessen Struktur nachzubilden. Die *Psychogenetik* bietet uns einen klaren Zentralpunkt, von dem aus wir die holographischen, multidimensionalen Fäden unseres genetischen Erbes wahrnehmen können.

Das Bewusstsein um die geistige DNS außerhalb der einengenden Grenzen religiöser Bezugspunkte wird die Wissenschaft wieder auf ihren eigentlichen Zweck ausrichten, nämlich: Antworten auf das Mysterium des Lebens und die Wirkungen der Gesetze des Kosmos zu finden.

Im Ganzen gesehen, sind Gene nur nominell langlebiger als die Generationen von Zellen, die sie schaffen. Wenn sie mit Lebenssinn durchdrungen sind, werden sie weiterleben, wenn nicht, werden sie zerstört. Sie werden von einer unendlich viel stärkeren Kraft getrieben als die einfache Biochemie. Man versteht leichter, dass Gene beeinflusst und verändert werden können, wenn man sich daran erinnert, dass die DNS-Moleküle, aus denen unsere Gene bestehen, fließende biochemische Stränge sind. Biochemische Elemente sind definitiv formbar und sie reagieren auf Umweltenergien, wie zum Beispiel Emotionen – unsere eigenen oder die emotionalen Rückstände unserer Ururgroßeltern.

In dem Maße, in dem unsere biochemische Bewusstheit fortschreitet, werden wir imstande sein, die dabei mitwirkenden genetischen Wirklichkeiten zu beobachten. Die fließenden chemischen Paarungen werden durch die *Energie* innerhalb des Mediums organisiert oder verdrängt. Diese Energie verdichtet die Macht der Umgebung und der Gedanken. Die schwindelerregend große Menge wirbelnder, spiralförmiger biochemischer DNS-Muster erzählt von unserer Quelle. Es ist eine Quelle, die nicht mit unseren Zellen stirbt, sondern als Bewusstsein vor uns und nach uns vorhanden ist.

Die Wissenschaft weiß, dass das Atom nie stirbt. Das Atom ist der Kern unseres körperlichen Wesens. Es bedeutet, dass das Bewusstsein deiner Vorfahren immer noch herumschwebt und sicherlich mit deinem genetischen Material in Verbindung steht. Es ist sehr wichtig, dein Höheres Selbst zu finden, damit du den direkten Zugang zu den Seelenschwingungen hast.

Seelenenergien sind jenseits der Zelle. Der Zellkern wirkt als durchlässige Membran oder Schwelle, die wie ein Schleier funktioniert, durch den reine Bewusstheit zwischen dem Nichtmanifesten und Manifesten fließt.

Unsere Identität beginnt nicht mit unseren Genen, sondern mit unserer Seele!

Jede Körpergestalt und jeder Lebensumstand haben ihren Sinn und Zweck. Die Seele bereitet die Wachstumsbühne und bittet das Leben, sein Potential auszudrücken, um den Auftrag der kosmischen Lehre durchzuspielen.

Wir können auf diesen Auftrag nur hindeuten – und zwar über unsere intuitiven Fähigkeiten, die den Schlüssel zu unseren Fragen: »Wieso ich?« und »Wer bin ich?« enthalten. Dazu müssen wir versuchen, die Vererbungsgesetze zu verstehen. Unsere Chromosomen und Gene reagieren empfindlich auf unsere Umgebung und Gedankenformen. Wenn wir die Antwort auf diese Fragen finden wollen, müssen wir die psychogenetische Geschichte kennen, die das Gen beeinflusst.

Wenn wir die Reichweite der psychogenetischen Vererbung tiefer ausloten, können wir uns auch von den Prägungen unserer Ahnen distanzieren. Seelenlektionen durch den Körper lassen Krankheit und Trauer hinter sich zurück, wenn wir lernen, das wunderbare Potential der bewusst mit den Seelenfrequenzen verbundenen Körper auszudrücken.

Als Gattung wurde uns nicht Bewusstheit geschenkt, damit wir einfach unseren physischen genetischen Bauplan entdecken. Uns wurde die Fähigkeit geschenkt, auf die Weisheit des Körpers zu hören, der die Seele ausdrückt. Durch unser Bewusstsein können wir die Lösungen erkennen, die uns voranbringen. Unsere Seele bietet einen Körper und dieser fördert die Entscheidungen, die uns helfen, die Lektionen zu meistern, die wir aus geistiger Perspektive zu lernen bereit sind. Wir brauchen aber diese Lektionen nicht über Leiden und Schmerz lernen. Die Erhöhung des Leidens und der Schmerzen als Zeichen geistigen Verdienstes ist ein alter Zopf. Die Zeit ist gekommen, die Idee des Märtyrertums als Rückschritt in eine weniger erleuchtete Zeit loszulassen.

Sobald wir uns kontemplativ nach innen wenden, haben wir die Macht, die Fähigkeit und das Recht, unsere genetische Struktur derart zu verändern, dass wir nur noch die höchste Schwingungsebene unseres Bewusstseins weitergeben. Das kann keine äußere Macht für uns tun. Es ist das Privileg der Individuation und muss von jedem Einzelnen selbst durchgeführt werden, indem er sich auf seinen eigenen psychogenetischen Bauplan konzentriert.

Es braucht einiges an Entschlossenheit, durch diesen Initiationstrichter hindurchzugehen. Das Selbst muss es intuitiv spüren. Die Außenwelt wird nach Beweisen schreien und sich gegen die Idee zur Wehr setzen, dass keine besonderen Gerätschaften notwendig sind, um unsere genetische Kodierung zu ändern. Wir brauchen nicht auf die zukünftigen Biotechnologien zu warten, die das Vorhandensein emotionaler und geistiger DNS überprüfen können, um diese selbst zu ändern. Wir werden nicht getrieben von Genen, die in geschlossenen Schaltkreisen isoliert sind. Gene werden durch unser Bewusstsein geformt. Wir können dieses Bewusstsein entdecken und uns selbst neu erfinden.

Wir sind daran, aus einer langen dunklen Ära aufzutauchen, während der die menschliche Psyche von schrecklichen Warnungen seitens aller Arten von Mächten überflutet wurde. Diese wollten die Massen mittels der Betäubungsspritze namens Angst beherrschen. Wir fürchten uns immer noch davor, eigene Entscheidungen zu treffen. Sogar der Gedanke des freien Willens lähmt uns.

Die Religionen sind die schlimmsten Missetäter gewesen, was die Verbreitung der Angst betrifft, und wir müssen darauf bestehen, dass sie mit ihren kindischen Verängstigungstaktiken aufhören und zu den göttlichen Unterweisungen zurückkehren, die der Menschheit von oben angeboten wurden. Bei ihnen allen ging es um die tiefen, liebevollen Gesetze des Universum. Keines dieser Gesetze besagt, man müsse tun, was eine äußere Macht diktiert, da man sonst Gefahr laufe, in die »Hölle« zu kommen.

Uns sind großartige Schablonen als Vorbilder dafür gegeben worden, wie man heilt und die ekstatische Verbundenheit mit dem Göttlichen erleben kann. Unsere geistige DNS gewährt uns Zugang zu diesen Schwingungen und zur Vererbung solch bedeutender Taten, wie sie von den Erleuchteten vollbracht wurden, damit wir selbst in ihre gesegneten Fußstapfen treten und Gleiches vollbringen können!

Unsere Erinnerungen auf Zellgeistebene können uns in viele Richtungen führen – zu Größe, indem wir die Grundlagen jener anwenden, die ihre Saat in uns gelegt haben – oder uns an die Entscheidungen anderer binden, die in ihren einsamen Automatenkörpern gefangen sind. Unsere Wahrnehmungen sind eigentlich genetische Gewohnheiten. Wir können neue genetische Gewohnheiten schaffen, die uns gestatten, den Geschehnissen gegenüber offener zu sein. Wir Menschen haben uns in einer Vererbungsfurche befunden. Wir haben nun die Wahl, diese Furche und alle darin enthaltenen Elemente, die uns nicht mehr dienen, aufzulösen.

Wenn wir aus unserer Evolutionsflaute herauskommen, können wir wieder mit Lichtgeschwindigkeit beginnen, ein »Gehäuse« zu bauen, das unserem großen menschlichen Geist und dem wunderbaren Humor unserer Seele entspricht. *Bewusste Genetik* ist unser Vermächtnis, das wir an zukünftige Menschen weitergeben werden. Doch müssen wir uns jetzt darin üben und unsere Erfahrungen in die Elemente unserer körperlichen, emotionalen und geistigen DNS verwandeln, die sie dann als unseren Beitrag zur Evolution erhalten werden.

Wir sind am Rand der Welt angelangt. Wir stehen unmittelbar am Abgrund und warten auf die leise Stimme, die uns ermutigt und uns die Kraft zum Springen gibt. Wenn wir uns auf die Macht des Wandels ausrichten, werden wir aus den Beschränkungen ausbrechen, die unsere Vorfahren einengten, und frei in eine neue Welt aufsteigen. Der Wandel wird unsere Konstante sein und durch dessen improvisiatorischen Stil werden wir einen neuen Puls an-

regen. Es wird ein Puls sein, der auf den Kämmen der kosmischen Wellen reitet, der hinausfließt durch die Galaxien
und die Energie des Menschenherzens mit sich trägt, um
als Saat für einen Menschen zu wirken, den wir noch nicht
kennen!

Das Light Institute

Eingebettet in die magischen Hügel von Galisteo, New Mexico, liegt zeitlos das Light Institute. 1985 von Chris Griscom gegründet, ist dieses Zentrum für 'Geistheilung und Multiinkarnationsforschung ohnegleichen. Menschen aus aller Welt fühlen sich angezogen von der tief greifenden Heilung, die das Light Institute bietet. Die am Light Institute praktizierte Methode konzentriert sich auf die Klärung der Erinnerung in den Zellen. In einer friedvollen, geweihten Umgebung werden die Klienten durch eine wunderbare Reise geführt, die sie mit ihrem Inneren Kind, ihrem Höheren Selbst und ihrer eigenen Großartigkeit bekannt macht. Jede Sitzung ist speziell auf das höchstmögliche Wachstum des Teilnehmers zugeschnitten. Die Light Institute Facilitators (Betreuer) sind eine internationale Gruppe von Menschen, die von Chris Griscom speziell für diese Aufgabe ausgebildet wurden.

Das Light Institute bietet Multiinkarnations-Privatsitzungen sowie das ganze Jahr durch Gruppenseminare für bestimmte Themen an. Die Betreuer führen die Teilnehmer durch Einzelsitzungen mit Themen wie zum Beispiel »Klären der Eltern«, »Sexualität«, »Sinn für Erfolg« und andere.

Die Nizhoni-Schule für globales Bewusstsein

Die Nizhoni-Schule für globales Bewusstsein bietet eine neue Art von Erziehung an, die Menschen jeden Alters erlaubt, ihre innere Weisheit zu entdecken und hervorzubringen, um zu lehren, zu heilen und ins 21. Jahrhundert zu führen. Nizhoni wurde 1989 von Chris Griscom als Schule des Herzens gegründet, in der holographisches Bewusstsein gelehrt wird, damit wir in dieser modernen Welt unseren Platz finden können.

Nizhoni lehrt, dass alle Menschen von Geburt aus geistige Wesen sind und dass die Spiritualität der Schlüssel ist, mit dem wir die größten Gaben für uns und die Menschheit entdecken. Dieses Wissen gestattet uns, alle Religionen, alle Menschen anzunehmen und so neue Kommunikations- und Bildungsmöglichkeiten für unsere Gemeinwesen und unsere Erde zu schaffen.

Nizhoni-Schüler lernen, mit ihrem göttlichen Höheren Selbst zu kommunizieren und so ihrer eigenen inneren Stimme zu vertrauen. Erziehung in Nizhoni ist »seelenzentriert« und umfasst den wesentlichen Kern unseres Menschseins. Gleichzeitig lehrt sie, wie wir Zugang zu unserem höchsten Potential und unserem Lebenssinn finden können.

Nizhoni bietet ihren internationalen Schülern die Wahl zwischen Internatsbetrieb und Tagesschule für Primarschüler, Mittelstufe und Fachbereiche (Nizhoni Experience, The College of Divinity und The Academy of the Media). Nizhoni will als Vorbild für bewusste Lebensgestaltung dienen. Sie bietet eine Übungsstätte für die Brillanz und außerordentliche Kreativität, die durch das Höhere Selbst freigesetzt werden.

Wenn Sie weitere Informationen über das Light Institute und die Bücher und Videos von Chris Griscom erhalten möchten, wenden Sie sich bitte an:

The Light Institute
HC 75, Box 50
Galisteo, New Mexico 87540
USA
Tel.: 001-505-466-1975
Fax: 001-505-466-7217
Websites: www.chrisgriscom.com
www.lightinstitute.com
E-Mail: thelight@lightinstitute.com

Für mehr Informationen über The Nizhoni School for Global Consciousness wenden Sie sich bitte an:

The Nizhoni School for Global Consciousness
HC 75, Box 72
Galisteo, New Mexico 87540
USA
Tel.: 001-505-466-4336
Fax: 001-505-466-7217
Website: www.nizhonischool.com
E-Mail: nizhonischool@oneworldonline.net

Zeit ist eine Illusion ist das erste Buch von Chris Griscom. Sie berichtet darin zum einen über ihre frühen geistigen Erfahrungen und ihren Weg zu einer bekannten spirituellen Visionärin, die ein anerkanntes Institut führt, therapeutisch arbeitet und auf der ganzen Welt Vorträge hält. Zum anderen gibt dieses Buch einen tiefen Einblick in das Wissen einer Frau, die ihre Klienten in frühere Leben führt und sie auf faszinierende Weise von ihren Ängsten, Blockaden und Schmerzen befreit. Die erstaunlichen Einsichten, die sich aus dieser Arbeit ergaben, sind auch heute noch im besten Sinne wegweisend.

Chris Griscom

Zeit ist eine Illusion
Leben und Arbeit der spirituellen Visionärin

L o t o s

Econ | **Ullstein** | List